A política dos palcos

Confira as publicações da Coleção FGV de Bolso no fim deste volume.

FGV de Bolso
Série História

A política dos palcos

teatro no primeiro governo Vargas (1930-1945)

Angélica Ricci Camargo

Copyright © Angélica Ricci Camargo

1ª edição — 2013

Impresso no Brasil | Printed in Brazil

Todos os direitos reservados à EDITORA FGV. A reprodução não autorizada desta publicação, no todo ou em parte, constitui violação do copyright (Lei nº 9.610/98).

Os conceitos emitidos neste livro são de inteira responsabilidade do autor.

COORDENADORES DA COLEÇÃO: Marieta de Moraes Ferreira e Renato Franco
PREPARAÇÃO DE ORIGINAIS: Kathia Ferreira
REVISÃO: Sandro Gomes e Vania Santiago
DIAGRAMAÇÃO, PROJETO GRÁFICO E CAPA: dudesign

**Ficha catalográfica elaborada
pela Biblioteca Mario Henrique Simonsen/FGV**

Camargo, Angélica Ricci
    A política dos palcos : teatro no primeiro governo Vargas (1930-1945) / Angélica Ricci Camargo. – Rio de Janeiro : Editora FGV, 2013.
    150 p. (Coleção FGV de bolso. Série História)

    Originalmente apresentado como dissertação da autora (mestrado - Universidade Federal do Rio de Janeiro)
    Inclui bibliografia.

    ISBN: 978-85-225-1342-0

    1. Arte e Estado. 2. Teatro – Política governamental. 3. Serviço Nacional de Teatro (Brasil). I. Fundação Getulio Vargas. II. Título. III. Série.

CDD – 353.77

Editora FGV
Rua Jornalista Orlando Dantas, 37
22231-010 | Rio de Janeiro, RJ | Brasil
Tels.: 0800-021-7777 | 21-3799-4427
Fax: 21-3799-4430
editora@fgv.br | pedidoseditora@fgv.br
www.fgv.br/editora

Agradeço às professoras Lúcia Lippi Oliveira, Tania Brandão e, especialmente, Marieta de Moraes Ferreira, que estimularam a publicação deste livro, originalmente apresentado como dissertação de mestrado no Instituto de História da Universidade Federal do Rio de Janeiro (UFRJ).

Sumário

Introdução	9
Capítulo 1	
A cena teatral brasileira nas primeiras décadas do século XX	13
Autores, atores e gêneros teatrais	13
Os debates sobre o teatro	20
As organizações de classe	24
Estado e teatro	28
Capítulo 2	
O teatro no processo de construção de políticas para a cultura	33
A cultura no governo Vargas	33
Do Teatro-Escola à Comissão de Teatro Nacional	43
Capítulo 3	
A Comissão de Teatro Nacional	51
Os problemas do teatro como objeto de estudo	51
As ideias e iniciativas da Comissão de Teatro Nacional	56

As subvenções: artistas consagrados, amadores e grandes
espetáculos 67
"Um decisivo passo, no sentido de aumentar e aprimorar
as atividades teatrais do nosso país" 75

Capítulo 4
O Serviço Nacional de Teatro **79**

A organização do SNT 79
As principais atividades entre 1939 e 1945 86

Capítulo 5
**A participação do setor teatral: as subvenções e as críticas
ao SNT** **103**

As subvenções: um palco para as polêmicas 103
As entidades de classe e o SNT 119
As últimas demandas atendidas e o fim do governo Vargas 128

Conclusão **133**

Fontes e bibliografia **139**

Introdução

O teatro, tal como o cinema, o rádio, o patrimônio histórico e artístico e a música, foi transformado em objeto de interesse do governo instituído em 1930, que principiou o processo de institucionalização da cultura no Brasil. Considerar as questões em jogo nessa tentativa de construção de uma política para o desenvolvimento da área – discutindo as propostas culturais da administração de Getúlio Vargas e analisando como elas se articularam com as demandas e os debates do meio teatral – constitui a finalidade deste livro.

As diversas nuances que caracterizaram o relacionamento entre o Estado brasileiro e as esferas da cultura nesse momento foram, e ainda são, tema de inúmeros estudos. Entre esses, sobressaem os que abordam aspectos gerais da atuação de Gustavo Capanema à frente do Ministério da Educação e Saúde, a relação entre o governo e os intelectuais e a ideologia construída e difundida pelo Estado Novo, além dos dedicados a assuntos específicos, como o Serviço do Patrimônio

Histórico e Artístico Nacional (Sphan). O tema teatro também figura em numerosos trabalhos. Alguns autores, como Victor Hugo Adler Pereira (1998; 2001) e Tania Brandão (2009), assinalam a presença da ação política no processo de modernização da cena brasileira analisando algumas subvenções concedidas pelo Serviço Nacional de Teatro (SNT). Já Cristina Costa (2010) focaliza o aspecto repressivo, tratando dos mecanismos da censura ao longo do governo Vargas. Outros estudiosos concentram a atenção em aspectos particulares, como o curso criado para a formação de atores, pesquisado por Jana Eiras Castanheira (2003), e a experiência da primeira companhia oficial de teatro do Brasil, examinada por Yan Michalski e Rosyane Trotta (1982).

Destacando as atividades de fomento ou avaliando a ação da censura, tais estudos representam marcos e pontos de partida para outras análises. Temas como o confronto e a confluência das demandas do meio teatral com a política oficial, a escolha dos grupos beneficiados e a presença e/ou ausência de certos gêneros nos planos elaborados para o setor merecem, no entanto, maior atenção porque revelam muito sobre a cultura que se queria patrocinada por esse governo e sobre a própria história do teatro brasileiro. Contemplar algumas dessas questões é também o objetivo deste livro.

O enfoque será dado à tentativa de construção de uma política para o desenvolvimento do teatro, através da atuação dos dois órgãos instituídos naquele momento: a Comissão de Teatro Nacional, criada em 1936, e seu sucessor, o SNT, estabelecido em 1937. As iniciativas do SNT serão acompanhadas até 1945, quando ocorre uma mudança em suas diretrizes que coincide com o fim do primeiro governo Vargas. Pretende-se, desse modo, analisar as discussões, conhecer os personagens e os interesses envolvidos na transformação dos problemas do teatro em problemas de Estado.

O livro se compõe de cinco capítulos. O ponto de partida é o setor teatral, por isso o primeiro capítulo examina sua organização nas primeiras décadas do século XX, contextualizando brevemente os personagens, a produção dramatúrgica, o papel desempenhado pela crítica e a constituição de associações e entidades de classe. São observadas ainda a reivindicação, por parte desses grupos, de intervenção dos poderes públicos na área e a forma como se processava o relacionamento entre essas duas instâncias antes da implantação de mecanismos administrativos voltados para o tratamento do assunto.

O segundo capítulo se detém no início do processo de inclusão do teatro entre as ações direcionadas para a esfera cultural empreendidas pelo governo Vargas. Aborda, em primeiro lugar, o processo de institucionalização da cultura iniciado nesse momento, destacando as atividades promovidas pelo Ministério da Educação e Saúde e por outros departamentos. Em seguida, focaliza a expectativa do meio teatral diante dessas medidas, contemplando alguns planos e propostas de entidades de classe e de artistas. Por fim, trata da primeira experiência concreta realizada em favor do teatro: a subvenção do projeto Teatro-Escola, de 1934 a 1935.

No terceiro capítulo são analisadas a criação e as iniciativas da Comissão de Teatro Nacional, com destaque para a incorporação dos problemas do setor teatral como seu objeto de estudo e para a participação de artistas e autores em sua composição. O quarto capítulo trata da organização do SNT, acompanhando suas atividades entre 1938 e 1945 e evidenciando seus principais eixos de atuação.

O quinto capítulo se concentra nas subvenções distribuídas pelo SNT, atentando para a disputa entre os diferentes projetos teatrais e as inúmeras polêmicas que as concessões de auxílio geraram ao longo desses anos, motivando artistas e entidades a propor planos para a reorganização da ação do governo em prol do teatro.

O objetivo é revelar tramas, aspectos e personagens que marcaram essa tentativa de se resolver as dificuldades enfrentadas por aqueles que se dedicavam ao teatro, examinando um momento importante do relacionamento entre Estado e cultura no Brasil e de emergência de questões que ainda fazem parte dos debates sobre o tema.

Capítulo 1

A cena teatral brasileira nas primeiras décadas do século XX

Autores, atores e gêneros teatrais

Apresentar o teatro que se fazia no Brasil nas primeiras décadas do século XX, mesmo que de maneira panorâmica, esbarra no reconhecimento de um limite: o que se chama de "brasileiro" quase sempre se refere à cena produzida na cidade do Rio de Janeiro. No entanto, a intenção em manter o "brasileiro", aqui, tem a finalidade de não perder de vista a circulação dos espetáculos, se não por todo o país, pelo menos em parte dele, uma vez que as companhias cariocas realizavam constantes excursões por outras capitais e por alguns municípios do interior.

A então capital federal era o foco de irradiação de toda a atividade teatral. Era aí que os grupos realizavam as representações mais bem-cuidadas, ficando as peças mais tempo em cartaz do que em qualquer outra cidade (Prado, 2008:19). Também era frequente a visita de companhias estrangeiras dos mais variados gêneros, que acabavam ocupando os poucos teatros existentes, levando os elencos nacionais a procurar outras localidades para suas apresentações.

Com o início da I Guerra Mundial, em 1914, e o consequente afastamento dos artistas europeus, essa situação se modificou, propiciando maior espaço para os artistas, os conjuntos e a dramaturgia brasileiras e maior valorização dos temas nacionais, tendências que persistiram pelas décadas seguintes. As propostas de abrasileiramento do teatro encontravam-se inseridas no processo mais amplo de nacionalização da cultura que caracterizou as décadas iniciais do século XX, sendo, por conta disso, bem-recebidas por diversos intelectuais.

Os principais gêneros representados, como o drama, a revista e a comédia de costumes, incluíram variados aspectos e temáticas nacionais. Outros gêneros também ganharam espaço no cenário da época, como o melodrama, o teatro simbolista e o teatro de engajamento anarco-sindicalista, destinado à veiculação de um ideário social de libertação e distanciado dos grandes palcos. A base do mercado teatral vinculava-se, no entanto, à comédia, gênero dividido em outros gêneros, subgêneros ou espécies, como a baixa comédia, a comédia de costumes, o *vaudeville* e variantes. Abrangia, ainda, a versão teatral musicada, com a revista, a opereta e a burleta.

A maior parte dos autores surgidos nesse momento consagrou-se no teatro cômico, como Oduvaldo Vianna, Viriato Corrêa, Gastão Tojeiro, Armando Gonzaga, Abadie Faria Rosa, Paulo de Magalhães e Joracy Camargo. Como não existiam auxílios governamentais nem patrocínios, a bilheteria era a única fonte de renda das companhias, tornando o gosto do público determinante na escolha dos repertórios. Assim, era comum a adequação dos dramaturgos às exigências do mercado.

Alguns desses autores preocupavam-se com o próprio "fazer teatro", além da dramaturgia, atuando como críticos ou porta-vozes dos interesses da classe nas entidades existentes, ao lado de atores e de outros profissionais do meio. Abadie Faria Rosa, por exemplo, era crítico desde 1911, tendo trabalhado na *Gazeta de Notícias*, no *Diário Carioca* e no *Diário de Notícias*. Armando Gonzaga e Paulo de Magalhães desempenharam igualmente a função de críticos. Todos eles pertenciam à Sociedade Brasileira de Autores Teatrais (Sbat).

As representações efetuadas em sessões eram muito comuns e ocorriam à noite, todos os dias da semana. No domingo também havia espetáculos à tarde. A frequência com que eram trocados os cartazes era grande, o que dificultava a prática de ensaios e o próprio conhecimento do texto (Prado, 2008:15). Os espetáculos eram realizados por companhias – forma básica de organização do meio teatral – que haviam chegado ao Brasil décadas antes, no século XIX. Eram, em geral, lideradas por seus primeiros atores, que acumulavam a função de empresários. Outros grupos ficavam sob o comando de empresários administradores.

Os elencos comportavam uma variedade de atores destinados a interpretar um tipo definido de papel, como um galã, uma ingênua, uma dama-galã, um centro cômico, um centro dramático etc. A orientação ficava a cargo de um ensaiador, que traçava a mecânica cênica. Os cenários eram idealizados e confeccionados por cenotécnicos a partir de elementos do acervo das companhias. Importante também era o ponto, funcionário responsável por suprir eventuais falhas de memória do elenco, soprando suas falas (Prado, 2008:14-16).

Essas convenções, herdadas do século anterior, permitiram a estruturação de um mercado teatral. Mesmo assim, eram precárias as condições de trabalho: não existia descanso semanal, os atores não tinham garantia de continuidade de trabalho, os contratos eram muitas vezes tratados verbalmente e as peças, montadas de acordo com a receptividade do público. De fato, só as grandes estrelas conseguiam desfrutar certo conforto material. A vida dos atores coadjuvantes, os "característicos", era bem mais difícil (Brandão, 2002:36).

Entre os profissionais de maior sucesso estavam Jayme Costa, Procópio Ferreira, Itália Fausta, Dulcina de Moraes, Darcy Cazarré, Palmerim Silva, Delorges Caminha, Olga Navarro, Alda Garrido, Ítala Ferreira, Nino Nello e Eva Todor. A maior parte desses atores – uma ínfima parcela dos que atuavam nesse momento – estava ligada ao teatro de comédia, incluindo sua versão musicada. Assim como em relação aos dramaturgos, era comum entre os artistas representar diferentes gêneros, embora estivessem sempre mais ligados a um deles e quase a uma fórmula específica de teatro.

A historiografia sobre o assunto revela, entretanto, que, nas décadas de 1920, 1930 e 1940, ocorreram iniciativas que apresentaram novas propostas para o teatro, como a que inseriu novos temas nos espetáculos de comédia, a que tentou realizar um teatro "sério" e a que experimentou estéticas radicais, baseadas em técnicas modernas.

Introduziram novas temáticas, por exemplo, as peças *Deus lhe pague* (1932), de Joracy Camargo, que levou para os palcos a questão social, citando em cena, pela primeira vez, o nome de Karl Marx; *Sexo* (1934), de Renato Viana, que mencionou o de Freud; e *Amor* (1933), de Oduvaldo Vianna, que discutiu o divórcio e promoveu inovações de ordem técnica, com a simultaneidade de cenas a partir da divisão do palco (Magaldi, 2001:191-206). Outros nomes realizaram tentativas de reação ao cenário vigente, caso da atriz Dulcina de Moraes, que buscou melhorar a qualidade das produções e da dramaturgia; e de Itália Fausta, atriz reconhecida por participar de companhias e eventos dedicados a um teatro mais "sério" (Dória, 1975:6-12,42-44).

Quanto às iniciativas mais radicais, de acentuado caráter reformista, um bom exemplo é o teatro de Renato Viana. Conhecedor das ideias de Stanislávski, Gordon Graig, Max Reinhart, Meyerhold e Jacques Copeau[1], suas encenações exibiam preocupações diversas, que iam da iluminação até a *mise-en-scène* (Dória, 1975:14). Ainda houve experiências mais distantes ainda do teatro comercial, como a do Teatro de Brinquedo, idealizado por Álvaro e Eugênia Moreyra em 1927 e voltado para um trabalho intelectualizado, a fim de satisfazer o gosto da classe média e da elite cultural do país (Dória, 1975:20-23). Outra foi a do Teatro da Experiência, elaborado em 1933 por Flávio de Carvalho, em São Paulo, que trazia inovações cênicas mas que teve curta duração devido à repressão policial.

Entre os gêneros mais populares também se buscou melhorar a qualidade dos espetáculos visando à manutenção de seu sucesso comercial. Patrocínio Filho (Zeca) e Jardel Jércolis, com a Companhia Tró-ló-ló, iniciaram, na década de 1920, um movimento de elevação do teatro de revista, procurando distanciá-lo do caráter popular que caracterizava o gênero. Na década de 1940, Walter Pinto superou a ingenuidade e a improvisação com a inclusão de coreografias precisas, cenários suntuosos e iluminação feérica. O repertório sofreu igualmente modificações, assumindo a forma de *music-hall*,

---

[1] Sobre as propostas desses artistas ver Berthold (2008:451-539).

modelo que na época impregnava os teatros de Paris e da Broadway (Veneziano, 1991:43; Antunes, 2002:51).

Mas as experiências de maior ressonância se deram no final da década de 1930 e início de 1940, com os grupos amadores. Eles trouxeram novas ideias e propostas, modificando a organização dos elencos a partir de uma ruptura com a hierarquia das especializações, até então norteada pelos atores empresários, e a própria concepção de montagem, com a inserção da figura do diretor. De acordo com grande parte da historiografia, deve-se a eles a renovação da cena brasileira.

Alguns eram formados por estudantes, como o Teatro do Estudante do Brasil, criado em 1938 pelo diplomata Paschoal Carlos Magno. Merece destaque também o empreendimento batizado Os Comediantes, organizado no mesmo ano na Associação de Artistas Brasileiros e baseado nas concepções renovadoras de Jacques Copeau. O grupo incluía em seu repertório peças de Luigi Pirandello, Molière e Alfred Musset. No entanto, seu grande marco foi a representação, em 1943, de *Vestido de noiva*, peça de Nelson Rodrigues com direção de Zbgbniev Ziembinski (Dória, 1975:70-74).

Com exceção de Flávio de Carvalho, que desistiu de suas investidas teatrais, todos esses nomes aparecem com regularidade nos processos e nas listas de auxílios concedidos pela Comissão e pelo Serviço Nacional de Teatro (SNT). Assim, para além do sucesso no mercado, assegurado para algumas companhias mais conhecidas, todas buscaram apoio governamental, fazendo com que o Estado se transformasse em instância importante para a manutenção do teatro no país, tendo em vista a inconstância das temporadas, a falta de casas de espetáculos e as frequentes dissoluções das companhias. Agravadas pela crise financeira mundial de 1929 e a disseminação do cinema, tais dificuldades foram sentidas principalmente na década de 1920, impondo aos artistas uma rotina de trabalhos simultâneos com prejuízo da qualidade das montagens.

O cinema concorreu diretamente com o teatro desde o seu surgimento, oferecendo preços mais baratos ao público. Sua expansão provocou a transformação gradativa das casas de espetáculos, que deixavam de abrigar teatros para instalar os equipamentos necessários ao funcionamento dessa nova forma de diversão pública. Para se ter uma ideia desse processo, basta dizer que, segundo Barreto Filho (1940:164), em 1935 o Rio de Janeiro contava com 10 teatros e 83 cinemas. Ao mesmo tempo, o cinema ofereceu novas oportunidades para os profissionais do palco. Vários dramaturgos tiveram peças adaptadas às telas, como Joracy Camargo, e muitos atores chegaram a protagonizar filmes, como Dulcina, Procópio e Jayme Costa.

Ao longo da década de 1920, entrou na disputa outro concorrente, ainda que menos ameaçador: o rádio. O radioteatro, ou seja, a radiofonização de peças, desenvolveu-se ainda nessa década tendo como pioneiros Oduvaldo Vianna, Leopoldo Fróes, Olavo de Barros, Cordélia Ferreira e César Ladeira. Nos anos 1930 as adaptações de textos ganharam uma linguagem própria, seguida do nascimento da radionovela. Dessa forma, com sua gradual popularização, esse veículo conseguiu alcançar as várias regiões do país, tornando-se um importante instrumento de divulgação de textos do teatro brasileiro e universal (Silva, 2006:261-263).

Como se pode ver, a primeira metade do século XX se caracterizou como um momento singular para o teatro brasileiro. A cena tradicional se defrontou com algumas tentativas de transformação, resistiu a dificuldades materiais e enfrentou a concorrência e a abertura de frentes de trabalho nos novos meios de comunicação.

Os debates sobre o teatro

O teatro possuía, desde a primeira metade do século XIX, um significado importante na vida cultural do Rio Janeiro. A relevância que os espetáculos representavam para a sociedade carioca pode ser medida pelo espaço relativamente grande que ocupavam nos jornais diários. Espaço mantido durante as primeiras décadas do século XX, como se constata na lista de críticos de jornal apresentada por Flora Süssekind (2002:61), entre os quais se destacam: Oscar Guanabarino e Barbosa Rodrigues (*Jornal do Commercio*); Oscar Pederneiras, Batista Coelho e Mário Nunes (*Jornal do Brasil*); João do Rio e Abadie Faria Rosa (*Gazeta de Notícias*); Paulo de Magalhães (*A Pátria*); Ernesto Rocha e Lafayette Silva (*Correio da Manhã*); Mário Magalhães e Armando Gonzaga (*A Noite*); Brasil Gerson (*Diário da Noite*); Bandeira Duarte (*O Globo*).

Havia também periódicos especializados, como *Palcos e Telas* (1918-1921), *Gazeta Teatral* (1921-1928) e *Jornal dos Teatros* (1938), e era significativo o número de revistas que tratava, dentro de uma diversificada gama de assuntos, do tema teatral. Além disso, data do final do século XIX e início do XX o primeiro esforço historiográfico mais sistemático em torno do teatro, alicerçado pelos trabalhos de Sílvio Romero, José Veríssimo, Henrique Marinho, Max Fleiuss, Múcio da Paixão, Sílio Boccanera e Carlos Süssekind de Mendonça.

A quantidade de periódicos e a incipiente historiografia sobre o assunto levam a refletir sobre o papel que estes desempenhavam enquanto instâncias de produção (e reprodução) de alguns discursos e concepções de teatro que disputavam o monopólio das categorias de percepção e de apreciação legítimas da cena teatral. Segundo Flora Süssekind (2002:62-73), o método da crítica orientava-se por alguns princípios, como: a atenção à reação do público, a observação se a peça era "bem-feita", a avaliação dos atores e da eficiência dos cenários e, por fim, a apreciação sobre a realização do espetáculo por parte do empresário. Outros critérios básicos dos críticos fundamentavam-se na preservação do decoro e na defesa de uma hierarquia entre os gêneros dramáticos.

A ideia de hierarquia não era exclusivamente brasileira. Entretanto, acabou assumindo uma dimensão especial e esteve presente nos principais debates intelectuais e artísticos desde a segunda metade do século XIX. No topo dessa hierarquia ficava o teatro "sério", baseado em um padrão artístico superior, pautado por qualidades literárias eruditas e inspirado em modelos estrangeiros. Abaixo, ficava o teatro "para rir", também chamado de ligeiro. Havia, porém, no interior deste, outra distinção, que alocava a revista, a opereta e a burleta num patamar mais inferior. Essa classificação dos gêneros produzida pelo discurso hegemônico se invertia quando se tratava da relação com o mercado, pois os gêneros "inferiores" eram, sem dúvida, os mais rentáveis.

A crítica e as histórias do teatro brasileiro escritas na época adotavam essa hierarquização, o que acarretava uma visão negativa da dramaturgia e da cena brasileiras predominantes. Tal visão ajudou a constituir um discurso no qual o teatro era encarado como um problema, ou como uma atividade que passava por um período de crise, de decadência. Alguns inclusive chegaram a proclamar a morte do teatro nacional, ou até mesmo sua inexistência.

Em sua *História do teatro brasileiro*, Carlos Süssekind de Mendonça (1926:39) detectou três tipos de explicação para a crença na inexistência do teatro nacional: a primeira afirmava que o teatro não existia porque a civilização brasileira ainda não o comportava. A segunda assegurava que o teatro brasileiro existiu, mas morreu junto com os últimos escritores românticos. E a terceira baseava-se na ideia de que ele não existia porque o que existia – comédias, farsas e revistas – não era teatro; tal opinião era compartilhada por vários dramaturgos, incluindo alguns dos que se dedicavam a esses gêneros.

Dessa última posição se aproximava Mário Nunes (1956, v.2:147), crítico do *Jornal do Brasil*. Concebendo o teatro em termos de uma distinção entre aquele feito para fins puramente comerciais e o de "arte", ele fazia de sua coluna um instrumento de defesa do teatro "mais elevado" e de crítica aos gêneros ligeiros. É o que se observa em seu comentário sobre o teatro de revista: "É a revista o gênero teatral por excelência das classes populares, adrede fabricadas para encantar as almas simples, e da exploração da comicidade ao alcance de intelectos de cultura rudimentar".

Mas, ao longo dos quatro volumes do seu livro *40 anos de teatro* e na totalidade de seus artigos na coluna "Teatros", nota-se que a posição de Nunes não era tão rígida. Ele teceu, por exemplo, numerosos elogios ao empresário Pascoal Segreto (especializado em companhias de revistas), por impulsionar a cena brasileira, e a Jardel Jércolis, por tentar "elevar" o nível do gênero (Nunes, 1956, v.1:111,169; v.2:141). Essas ambiguidades revelam embates entre as concepções idealizadas e aquilo que se apresentava na realidade. Ou seja, em certas ocasiões, para defender o teatro como um todo, até a questão da hierarquia dos gêneros era deixada de lado.

Outra marca da atividade crítica foi a defesa do nacional, em consonância ao movimento mais geral de valorização da cultura brasileira na época. Na falta de um projeto estético definido, diversos críticos fizeram do nacionalismo obsessivo e pouco crítico, ao lado do elogio personalista, a mola mestra da crônica teatral das décadas de 1910, 1920 e 1930. A questão nacional e o papel do teatro no desenvolvimento da brasilidade foram vistos como cruciais ao progresso do país:

> Mais do que nenhum outro país do globo, o Brasil precisa nacionalizar-se, tornar-se uma nação com ideias e sentimentos próprios. [...] O elemento estrangeiro, em avultada proporção, mesclando-se à população de um país indeciso ainda acerca de sua personalidade, desnacionalizá-lo-á fatalmente.
>
> [Nunes, 1956, v.1:171]

Por último, a questão da modernização também se apresentou como elemento na pauta das reivindicações de alguns intelectuais que atuavam na área da crítica teatral. Modernização que deve ser compreendida como atualização dos procedimentos cênicos, técnicos e artísticos de acordo com modelos estrangeiros, conforme se observa nas críticas de Antônio de Alcântara Machado, para quem o teatro deveria valorizar os elementos da nacionalidade buscando inspiração nos modelos internacionais, como os propostos por Bernard Shaw, Pirandello ou Gordon Craig (Lara, 1987:13).

Assim, dentro desse intrincado quadro de questões, moveram-se dramaturgos e atores, construindo obras e carreiras em uma relação mediada pelo sentido público delas. E esses mesmos pontos acabariam por figurar nas discussões e ações da Comissão de Teatro Nacional e do SNT, órgãos que expressavam interesse na realização do ideal de um teatro de "arte", mas que acabaram por se preocupar, também, com a produção comercial existente.

As organizações de classe

Além dos problemas ligados aos aspectos artísticos detectados pela crítica e compartilhados por grande parcela do setor, havia os de natureza mais premente, relacionados à sobrevivência dos que se dedicavam ao teatro. Assim, apesar das disputas no terreno simbólico, no plano prático certas questões acabaram por unificar o meio. Unificação que não foi obtida sem tensões, evidentemente.

Como outras categorias, os profissionais do teatro também se organizaram em entidades visando à busca de mecanismos de proteção, ou mesmo por motivações mais amplas de luta. Desse modo, não se pode perder de vista a inserção dessas entidades no contexto maior de organização da classe trabalhadora, que se articulava em associações e sindicatos utilizando diversas estratégias a fim de atingir objetivos como melhores salários, jornadas de trabalho de oito horas, direito a férias, proibição do trabalho infantil, entre outros itens.

Referindo-se ao Rio de Janeiro nos quatro volumes do seu *40 anos de teatro*, Mário Nunes cita a criação de 19 entidades na cidade. Mesmo considerando as que existiram apenas nas formulações de seus idealizadores, trata-se de número bem significativo. São elas: Federação das Classes Teatrais; Academia Dramática Brasileira; Sociedade Brasileira de Autores Teatrais; Casa dos Artistas; Centro Artístico Teatral do Brasil; Caixa Beneficente Teatral; Associação de Autores Dramáticos Brasileiros; Centro dos Atores do Brasil; Beneficente dos Porteiros Teatrais; União das Coristas; União dos Carpinteiros Teatrais; Sociedade Brasileira dos Empresários Teatrais; União dos Contrarregras; Grêmio dos Artistas Teatrais do Brasil; União dos Pontos Profissionais; Associação de Críticos Teatrais; União dos Eletricistas Teatrais; Associação Mantenedora do Teatro Nacional; e Academia Brasileira de Teatro.

A administração e a plataforma dessas organizações são pouco conhecidas. Provavelmente, a maior parte se constituía como sociedade de auxílios mútuos, conforme indicam algumas das denominações. Surgidas durante o Império, seguiam o modelo europeu, cabendo ao trabalhador o pagamento de uma cota para se associar. A partir dessa contribuição, elas se responsabilizavam pelo fornecimento de seguro contra doenças, acidentes de trabalho ou desemprego, pensões de aposentadoria e, em caso de falecimento do associado, ajuda pecuniária às famílias (Batalha, 1999:41-68).

Esse tipo de organização continuou existindo mesmo depois da criação dos sindicatos, cujo objetivo era a luta por melhores salários e condições de trabalho mais dignas. Algumas dessas associações até incorporaram funções eminentemente sindicais. No início do século XX, uma das primeiras propostas nesse sentido partiu do ator Leopoldo Fróes, que idealizou uma organização destinada a prestar assistência aos artistas inválidos e ampará-los na velhice. Tal organização se concretizou e foi fundada oficialmente em 24 de agosto de 1918 com o nome de Casa dos Artistas. Em torno dela uniram-se artistas, empresários, autores e poderes públicos, que contribuíam com donativos e isenções para a sua organização efetiva e a construção de uma sede, inaugurada no ano seguinte.

Em 1931, atendendo às exigências do governo recentemente instalado, a entidade foi transformada em sindicato, reconhecida pelo Ministério do Trabalho, Indústria e Comércio como Sindicato dos Profissionais do Teatro, Cinema, Rádio, Circo e Variedades. Em 1940, uma assembleia-geral aprovou as novas diretrizes da entidade, que alterou sua denominação para Sindicato dos Atores Teatrais, Cenógrafos e Cenotécnicos – Casa dos Artistas. Como resultado, foram excluídos os sócios não ligados às atividades teatrais e os que acumulavam a função de empresários, entre eles Procópio Ferreira e Jayme Costa, e autorizada sua inclusão na Federação dos Trabalhadores em Empresas de Difusão Cultural e Artística (Ata..., 1940). A Casa dos Artistas reuniu grande parte dos profissionais de teatro da época, e de sua diretoria e de suas comissões administrativas participaram atores, autores e críticos como Mário Nunes, Olavo de Barros, Itália Fausta, Luiz Iglézias, Paulo de Magalhães, Alda Garrido, Manoel Pêra.

Com características diferentes da Casa dos Artistas, mas também de grande importância no meio teatral, a Sbat foi criada em um momento em que a atividade intelectual sofria as consequências da I Guerra Mundial no que se referia à redefinição do papel dos escritores como agentes no mercado econômico (Sevcenko, 1999:101-102). A defesa dos direitos autorais era objeto de reivindicações desde, pelo menos, meados do século XIX, mas somente no período republicano foi promulgada a primeira lei nessa direção, a chamada Lei Medeiros e Albuquerque, de 1898. Essa lei garantia aos autores a faculdade exclusiva de autorizar a reprodução de suas obras por um prazo de 50 anos e de permitir sua tradução, representação e execução por um período de 10 anos.

Em janeiro de 1916, um grupo de autores de teatro reuniu--se no Rio de Janeiro para tratar de direitos autorais, mas as discussões não foram adiante. No ano seguinte, vários deles participaram da criação da Sbat, no dia 27 de setembro. A diretoria provisória ficou a cargo de Oscar Guanabarino, Gastão Tojeiro, Viriato Corrêa, Euricles Matos e Francisca Gonzaga. Também participaram da fundação Fábio Aarão Reis, Oduvaldo Vianna, Bastos Tigre e Alvarenga Fonseca. Inúmeros dramaturgos tomaram parte na diretoria da entidade. Além dos nomes citados, merecem destaque os de Abadie Faria Rosa, presidente em quatro ocasiões, Carlos Bittencourt, Armando Gonzaga e Freire Júnior.

Os críticos teatrais também se organizaram em associações. A primeira experiência foi a da Associação de Críticos Teatrais, formada em 1930, que reuniu nomes como Mário Nunes, Abadie Faria Rosa, Lafayette Silva e Paulo de Magalhães. Em 1937, outra associação de críticos foi criada, idealizada por Alberto de Queirós e Bandeira Duarte: a Associação Brasileira de Críticos Teatrais (ABCT), que contou com a participação de Mário Nunes, Aldo Calvet, Lopes Gonçalves, Paschoal Carlos Magno e Augusto Maurício. Seus objetivos eram pleitear leis e sugerir medidas destinadas ao crescimento do teatro brasileiro (Medeiros, 2002:84-85). Em 1944, junto com a Casa dos Artistas e a Sbat, a ABCT formou a Comissão Permanente de Teatro, presidida por Mário Nunes. Sua finalidade era examinar sugestões pertinentes ao teatro e encaminhá--las a entidades particulares ou estatais.

Em 14 de setembro de 1933 foi instalado o Sindicato dos Artistas Teatrais de São Paulo, presidido por Sebastião Arruda. No ano seguinte, em 18 de dezembro, foi criado (ou talvez recriado) o Sindicato dos Trabalhadores de Teatro de São Paulo, também chamado de Sindicato dos Atores Teatrais, Cenógrafos e Ceno-técnicos do Estado de São Paulo, reconhecido pelo Ministério do Trabalho, Indústria e Comércio em 25 de fevereiro de 1942.[2]

A existência dessas entidades, ainda pouco estudadas, indica que foram intensas a movimentação e a organização de artistas, autores, críticos e outros profissionais da área na busca por melhoria das condições de trabalho e do próprio desenvolvimento do teatro no Brasil. Movimentação que continuaria firme ante a política implementada pelo governo Vargas, como se verá nos três últimos capítulos.

Estado e teatro

A relação entre teatro e Estado é antiga. No período colonial, o teatro mereceu a atenção dos poderes instituídos a partir da prática da subvenção. Desde 1801 eram concedidas subvenções, um privilégio recebido por empresários que tinham uma ligação próxima com as autoridades e medida que visava, também, controlar o conteúdo que chegaria até o público (Souza, 2002:48). Com a vinda de d. João e da família real portuguesa para o Brasil, em 1808, e com o crescimento social e cultural da então capital da colônia, o Rio de Janeiro, as subvenções tiveram continuidade junto com outros tipos de auxílio. A instalação de um mecanismo destinado à censura também data dessa época, atribuição pertencente ao intendente-geral de Polícia da Corte, estabelecido naquele mesmo ano.

Depois da Independência, especialmente durante o reinado de d. Pedro II, várias esferas da cultura, como a música, a

---

[2] As raras informações sobre a organização dos trabalhadores teatrais de São Paulo e o conflito entre as duas datas de sua criação levaram a se considerar a existência de duas organizações, mas é possível que se trate apenas de uma.

pintura e o teatro, passaram a ser subsidiadas, tornando-se preocupações políticas do Estado em formação e sendo inseridas em um projeto maior de constituição da nacionalidade e de edificação de uma autonomia cultural para o país (Schwarcz, 2007:126). Com esse propósito foi instituído, em 1843, o Conservatório Dramático, organização de caráter privado cujas competências eram o estímulo à arte dramática nacional e o exame prévio das peças que seriam encenadas. Seus critérios de análise ligavam-se à qualidade literária dos textos, enquanto os da polícia, em sua atividade de censura, eram voltados para a defesa dos bons costumes e das leis do Império.

A atuação do Conservatório foi conturbada e bastante criticada. Em 1861, o ministro do Império convocou uma comissão para o estudo da questão. Composta por nomes como Joaquim Manuel de Macedo, José de Alencar e João Cardoso de Menezes e Sousa, a comissão elaborou várias propostas, incluindo a reformulação das diretrizes da entidade, o que não chegou a ocorrer devido à sua extinção, em 1864 (Brasil, 1862:39). Além da atenção aos aspectos mais estritamente artísticos, o governo buscou aprimorar o aparato de controle, criando, em 1849, o cargo de inspetor dos teatros, cuja função era fiscalizar os teatros subvencionados ou protegidos por loterias.

Em 1871, o Decreto nº 4.566 instalou um segundo Conservatório, integrando a esfera governamental e juntando as competências do antigo Conservatório às do inspetor dos teatros. A justificativa de sua criação foi a de que as medidas anteriores não haviam logrado "melhorar o teatro nacional, elevando-o ao nível da cultura intelectual e moral da nossa sociedade" (Brasil, 1871:9-11). Mas as atividades desse segundo Conservatório também não alcançaram o êxito desejado e o órgão foi extinto nos primeiros anos da República pelo Decreto nº 2.557, de 1897. Nesse momento as atribuições ligadas à censura foram regulamentadas, ficando concentradas somente entre as funções da polícia.

Nas primeiras quatro décadas do período republicano, toda a legislação sancionada esteve relacionada à censura, à ordem pública e, em menor medida, às relações de trabalho entre empresários e artistas. A regulamentação das casas de espetáculos e diversões públicas caminhou junto com as transformações na estrutura policial, e o destaque dado à censura enfatizava uma preocupação que sempre esteve vinculada ao teatro, em função das influências que este poderia exercer sobre as plateias (Kushnir, 2001:85). Outro ponto importante é que a legislação passou a lidar com o teatro como empreendimento comercial, que necessitava de regras para seu funcionamento.

O Decreto nº 2.558, de 1897, regulou o exercício da censura e dispôs sobre a inspeção dos teatros e demais casas de espetáculos. No regulamento de 1907 apareceu a figura do segundo delegado auxiliar, que assumiria as funções de inspeção dos divertimentos e de fiscalização dos contratos entre empresários e artistas, em caso de ausência do chefe da polícia. Os regulamentos de 1920 e 1924 abordaram a questão da censura prévia e consolidaram a normatização do espaço público dos divertimentos como uma prioridade do Estado.

Se as disposições federais se limitaram à censura e à fiscalização das relações de trabalho, em âmbito municipal a situação era um pouco diferente, pelo menos no Distrito Federal, como pode ser percebido com a criação, em 1911, da Escola Dramática Municipal, sob a direção do escritor Coelho Neto. Apesar das poucas medidas efetivas de amparo, o teatro foi tema de vários projetos de lei desde o início do período republicano. O primeiro deles, de 1892, de autoria do deputado Pedro Américo, propôs a fundação de um Instituto Dramático (Souza, 1960, v.1:221). Em 1920, um projeto do deputado Maurício de Lacerda propunha a criação de um Teatro Nacional e a abolição da censura. O Teatro Nacional seria estabelecido nos moldes do Teatro Francês e do Português, organizado por um conselho formado pelos diretores da Escola Dramática, do Instituto de Música e da Escola de Belas Artes, pelo presidente da Sbat, por um crítico de reconhecida competência e por um representante direto do ministro da Justiça e Negócios Interiores (Nunes, 1956, v.1:56).

Augusto de Lima, em 1921, entregou à Câmara dos Deputados um projeto que propunha a construção de um teatro pelo governo federal, a instituição de uma companhia oficial e a subvenção de duas outras para a realização das comemorações do centenário da Independência (Nunes, 1956, v.2:41-46). Como se pode notar, o estabelecimento de uma companhia oficial era tema constante nos projetos de lei. O grande exemplo vinha da França, onde o governo mantinha uma companhia oficial desde 1680, a Comédie Française.

Em 1925, o deputado Nicanor Nascimento encaminhou um projeto idealizado pela Casa dos Artistas em que as empresas teatrais ficavam subordinadas ao Código Comercial, definindo-se, para isso, as categorias de artistas e auxiliares teatrais. A intenção era implantar mecanismos que regessem as relações de trabalho entre empresários e artistas, obrigando a formalização dos contratos, fixando a jornada de trabalho semanal, garantindo auxílios em caso de doenças etc. (Nunes, 1956, v.2:143-145).

No ano seguinte foi apresentado, pelo deputado gaúcho Getúlio Vargas, outro projeto de lei que regulava a organiza-.

ção das empresas teatrais. Seu projeto substituía o de Nicanor Nascimento, tendo como diferença substancial o tratamento dado aos direitos autorais (Nunes, 1956, v.3:4-9). Em 1928, o projeto foi promulgado, assumindo a forma do Decreto nº 5.492, e ficou conhecido como Lei Getúlio Vargas. Sua elaboração havia se iniciado em 1925, fruto de reuniões de uma comissão convocada por Alvarenga Fonseca, então presidente da Sbat, e formada pelos escritores Gomes Cardim, Raul Pederneiras, Batista Júnior e Castilho de Oliveira.

O Decreto nº 5.492 sujeitava as empresas ao Código Comercial e a outras leis complementares, delimitando as cláusulas obrigatórias dos contratos, estabelecendo as obrigações dos artistas, auxiliares e empresários, determinando que os conflitos e litígios entre as partes fossem dirimidos por um juiz arbitral, estabelecendo que todas as empresas estrangeiras que funcionassem no Brasil registrassem seus contratos e deliberando sobre a questão dos direitos autorais. O regulamento, aprovado em dezembro pelo Decreto nº 18.527, era dividido em sete capítulos que especificavam os pontos dispostos pelo decreto de julho, avançando em certos itens, como o da regulação do horário de trabalho.

Depois de muitas reivindicações e diferentes projetos, alguns deles baseados em modelos estrangeiros de amparo estatal, outros pleiteando o fim da censura e a regulamentação das relações de trabalho, o setor teatral conseguiu o reconhecimento da profissão. Distante da ação repressiva e do patrocínio, o Decreto nº 5.492 revelou uma preocupação com o teatro como atividade comercial. Destacam-se, nesse sentido, as ações da Sbat e da Casa dos Artistas na elaboração de propostas e na procura de contatos políticos que possibilitassem sua concretização.

Capítulo 2

O teatro no processo de construção de políticas para a cultura

A cultura no governo Vargas

O longo primeiro governo Vargas caracterizou-se como um período de intensas transformações políticas, econômicas, sociais e culturais no país. A vasta historiografia sobre o assunto divide-o, geralmente, em três fases: governo provisório (1930-1934), governo constitucional (1934-1937) e Estado Novo (1937-1945).

Vargas, o candidato derrotado nas eleições de 1930 chegou ao poder conduzido pelo movimento revolucionário iniciado em 3 de outubro. Esse movimento abrangia uma coalizão de forças e uma diversidade de projetos políticos que disputaram espaço nos primeiros anos do governo de Getúlio Vargas, instalado no mês seguinte. Tais propostas, presentes já nos debates e nos eventos da década de 1920, se agrupavam em torno da condenação das práticas políticas oligárquicas, vigentes desde a instalação do regime republicano.

Logo no início da gestão Vargas, o Congresso e as assembleias estaduais e municipais foram dissolvidos, os governadores depostos e a Constituição de 1891 revogada. Porém, ao mesmo tempo em que exercia poderes discricionários, o governo assumia um compromisso com a revisão da legislação em vigor por meio da convocação de uma Constituinte. Nessa direção, uma das primeiras questões tratadas foi a da ampliação do espaço de participação eleitoral, que tomou forma com a instituição do sufrágio universal direto e secreto, do voto feminino e do estabelecimento de uma Justiça eleitoral.

A área social também mereceu atenção nesse primeiro momento, com a criação de dois novos ministérios, o da Educação e Saúde Pública, em 14 de novembro de 1930, e o do Trabalho, Indústria e Comércio, no dia 26 do mesmo mês, que receberam grandes investimentos nos 15 anos de governo Vargas. A questão trabalhista se tornou uma das maiores preocupações do Estado nesse período, apresentando-se como resposta à organização e à luta do operariado, que se intensificavam paralelamente ao desenvolvimento da indústria.

A instalação dessas estruturas foi realizada no seio de um processo de expansão da máquina administrativa federal. Esse crescimento da intervenção estatal nos campos social e econômico, e em domínios que até então não eram definidos como espaços de ação governamental, implicou o estabelecimento de novos órgãos e a instituição de uma nova racionalidade administrativa que culminaria, em 1938, com a criação do Departamento Administrativo do Serviço Público (Dasp).

Em 1933 foi convocada e instalada uma Assembleia Nacional Constituinte. De seus trabalhos resultou a Constituição promulgada no ano seguinte, que atendia aos anseios liberais e democráticos presentes no ideário do movimento de 1930.

O período do governo constitucional ficou marcado pela intensa mobilização de dois movimentos políticos de abrangência nacional: a Ação Integralista Brasileira (AIB), organizada em 1932, e a Aliança Nacional Libertadora (ANL), criada em 1935. Mobilização que foi seguida por medidas repressivas, formalizadas na Lei de Segurança Nacional, sancionada em 4 de abril de 1935, que dotou o governo federal de poderes especiais para reprimir as atividades políticas consideradas subversivas.

Em meio às campanhas para as eleições presidenciais de 1938, Getúlio Vargas, contando com o apoio de vários grupos políticos, manteve-se no poder. Sob pretexto de ameaça comunista, inaugurou, em 10 de novembro de 1937, a fase mais autoritária de seu governo, conhecida como Estado Novo (que durou até 29 de outubro de 1945, com sua deposição). De imediato, foi outorgada uma nova Constituição, que reforçava os poderes do presidente da República, ampliando a possibilidade de intervenção nos estados e abolindo o Poder Legislativo em todos os níveis. Além disso, as liberdades civis foram suspensas, e os partidos políticos, extintos. O comunismo foi transformado no maior inimigo público do regime, a repressão policial instalou-se por toda parte e a censura prévia na imprensa, no teatro, no cinema e na radiodifusão foi regulada no próprio texto constitucional.

Foi nesse ambiente que teve início a institucionalização da área da cultura no país. Em meio a medidas centralizadoras, o Estado brasileiro pós-1930, procurando distanciar-se das antigas forças dominantes ao mesmo tempo em que buscava imprimir a sua marca em todos os campos ligados ao trabalho de dominação, concebeu a cultura como "negócio oficial" e em termos de "organização política" (Miceli, 2001:198; Velloso,

1982:72). Foram criados novos aparatos destinados a interferir nas etapas de produção, difusão e conservação do trabalho intelectual e artístico e, em alguns casos, a produzir e divulgar sua concepção do mundo para o conjunto da sociedade.

Para desempenhar essas tarefas foram convocados intelectuais e artistas ligados a grupos diversos e com diferentes vínculos políticos, que assumiram postos em vários ramos de atividades com distintos graus de compromisso com a ideologia oficial. A ampliação desse espaço de participação vinha ao encontro dos anseios de tais grupos, que, desde as primeiras décadas do século XX, se identificavam com a ideia de construção da nação e se encontravam dispostos a contribuir para a realização de mudanças políticas, sociais e culturais. Por outro lado, essa abertura de novas frentes acabou por revestir o Estado do papel de principal instância de consagração intelectual.

Em 1934 a cultura ganhara um espaço até então inédito. Pela primeira vez o tema apareceu em um texto constitucional no Brasil, dividindo um capítulo com a educação e inserido entre as competências da União, estados e municípios. A estes caberia favorecer seu desenvolvimento, proteger os objetos de interesse histórico e o patrimônio artístico do país e prestar assistência ao trabalhador intelectual.

Algumas iniciativas voltadas para a área, a princípio ligadas a assuntos educacionais, foram realizadas ainda nos primeiros anos do governo provisório. Mas foi no período do governo constitucional de Vargas, em especial sob o âmbito de atuação do Ministério da Educação e Saúde Pública, que a cultura passou a receber mais atenção. A tarefa educativa proposta por esse ministério durante a gestão de Gustavo Capanema, que assumiu a pasta poucos dias após a promulgação da Constituição de 1934, visava mais do que a transmissão de conhecimentos. Tinha por objetivo desenvolver a alta cultura no país – a arte, a música, as letras –, além de ensinar aos jovens os novos valores construídos pelo Estado e impedir que a nacionalidade fosse ameaçada por agentes de outras culturas, ideologias e nações. Ações que, como bem assinalaram Schwartzman, Bomeny e Costa (2000:65,97), não se deram no vazio, "encontrando setores, movimentos e tendências com os quais foi necessário compor, transigir ou enfrentar".

A atuação de Gustavo Capanema, que permaneceu como ministro até o final do primeiro governo Vargas, ficou identificada com um momento de grande efervescência cultural no país. Em torno de sua pessoa gravitaram diversos intelectuais e artistas, entre os quais Carlos Drummond de Andrade, Augusto Meyer, Lucio Costa, Mário de Andrade, Candido Portinari e Heitor Villa-Lobos. Seu ministério constituiu-se, assim, um amplo território para a produção de uma cultura oficial orientada por valores considerados eruditos, mantendo certa distância do aparelho repressor da censura e da propaganda, que foi adquirindo um espaço cada vez maior no governo. Distância, por vezes, atenuada, como se pode observar no plano de Capanema de criar um órgão de propaganda, em medidas como o fechamento da Universidade do Distrito Federal e o apoio dado à política de repressão às escolas dos núcleos estrangeiros existentes no Brasil (Schwartzman, Bomeny e Costa, 2000:226).

Outra preocupação de Capanema foi com a construção da nacionalidade, considerada então o ponto culminante de toda a ação pedagógica. O tema foi tratado, em especial, a partir de três orientações: a primeira compreendeu a educação transmitida nas escolas, que deveria incluir um conteúdo nacional; a segunda voltou-se para a padronização do ensino; e a terceira, para a erradicação das minorias étnicas, linguísticas e culturais que se haviam disseminado pelo Brasil nas últimas décadas século XIX e início do XX (Schwartzman, Bomeny e Costa, 2000:104,157).

Um dos marcos da atuação de Capanema foi a reestruturação das atividades do ministério, efetivada pela Lei nº 378, de 1937, que instituiu novos mecanismos administrativos e mudou seu nome para Ministério da Educação e Saúde. Assim, a pasta ficou composta por dois grandes órgãos de administração especial: o Departamento Nacional de Educação e o Departamento Nacional de Saúde, além de órgãos complementares, destinados a atividades de caráter administrativo, e órgãos de execução. Inseridas nessa última orientação, ficaram as instituições de educação escolar, como as escolas, as faculdades e o Instituto Nacional de Cinema Educativo (Ince); além das instituições de educação extraescolar, que incluíam a Biblioteca Nacional, os museus, o Serviço do Patrimônio Histórico e Artístico Nacional (Sphan), a Comissão de Teatro Nacional e o Serviço de Radiodifusão Educativa (Brasil, 1937a:12-33).

A trajetória desses órgãos revela a preocupação com uma função educativa e a construção de uma identidade nacional a partir de elementos retirados, em grande parte, da cultura erudita. Vários intelectuais e artistas assumiram postos ou mesmo a direção dessas novas instituições, como Rodrigo Melo Franco de Andrade, diretor do Sphan; Augusto Meyer e Sérgio Buarque de Holanda, respectivamente, diretor e funcionário do Instituto Nacional do Livro (INL); Roquette-Pinto e Humberto Mauro, respectivamente, diretor e funcionário do Ince.

A política dos palcos 39

Além desses, inúmeros intelectuais e artistas prestaram colaboração, aceitando encomendas oficiais de prédios, livros, partituras etc., ou representando o governo em congressos e conferências internacionais. Assim, instaurou-se uma relação de dependência material e institucional que passou a moldar as relações entre estes – especialmente os que possuíam pouco reconhecimento nos campos artístico e intelectual – e o poder público, que, conferindo-lhes certa autoridade, punha-os a salvo das oscilações de prestígio e imunes às sanções do mercado, conforme analisa Sérgio Miceli (2001:215).

Foi também nesse contexto, no entanto, que tomou corpo a concepção de "cultura brasileira", sob cuja chancela se formou uma rede de instâncias de produção, distribuição e consagração de bens simbólicos (Miceli, 2001:209-215). Antonio Candido (1989:195) afirma que o movimento de outubro de 1930, em conjunto com as novas condições de produção e difusão do trabalho intelectual que se desenvolviam paralelamente à ação governamental, atuou como eixo para a cultura brasileira, catalisando elementos dispersos para dispô-los em uma nova configuração e projetando em escala nacional fatos até então regionais.

Além do Ministério da Educação e Saúde, outros órgãos assumiram atribuições ligadas à esfera cultural. Um deles foi o Departamento de Propaganda e Difusão Cultural, estabelecido em 1934 e subordinado ao Ministério da Justiça e Negócios Interiores. Contudo, o que distinguia a ação desse departamento era o caráter de suas iniciativas, que, voltadas para os meios de comunicação de massa, como o rádio e o cinema, e para a cultura física, destinavam-se explicitamente à propaganda.

O Departamento de Propaganda e Difusão Cultural foi extinto em 1939 e sucedido pelo Departamento de Imprensa e

Propaganda (DIP). Tal mudança provocou o incremento das tarefas de propaganda e de construção da imagem do regime, que ganharam destaque a partir da instalação do Estado Novo. De acordo com Maria Helena Capelato (1998:123), nesse momento a propaganda política e a produção cultural tornaram-se peças fundamentais para a expansão da base de apoio do governo. E, nessa direção, foram empreendidas várias tentativas de conferir um sentido mítico ao Estado, personalizado em Estado nacional ou nação e também em seus expoentes e chefes (Carone, 1974:166).

A questão ideológica impôs-se, portanto, como elemento central de um projeto político, dando-lhe materialidade, efetuando sua organização e integrando o conjunto dos atores sociais. Ângela de Castro Gomes (1994:173) chama a atenção, contudo, para a inexistência de uma doutrina oficial compacta e homogênea. Segundo a autora, o que se verificou foi a presença de variações significativas que traduziam certo ecletismo em suas propostas, o que não impede que se perceba um conjunto central de ideias capaz de caracterizar determinado projeto político.

Criado pelo Decreto nº 1.915, de 1939, o DIP era subordinado diretamente à Presidência da República. Suas amplas competências abrangiam o controle e a promoção das atividades culturais, tais como: coordenar a propaganda nacional; supervisionar os serviços de turismo; fazer a censura no teatro, no cinema, nas funções recreativas e esportivas, na radiodifusão, na literatura social e política e na imprensa; estimular a produção de filmes nacionais; classificar os filmes educativos e os nacionais para concessão de prêmios e favores; estimular as atividades espirituais, colaborando com artistas e intelectuais e incentivando uma arte e uma literatura genuinamente brasileiras; favorecer a tradução de livros de autores brasileiros no exterior; proibir a entrada de publicações estrangeiras nocivas aos interesses nacionais; promover manifestações cívicas e festas populares com intuito patriótico, educativo ou de propaganda turística, assim como concertos, conferências, exposições demonstrativas das atividades do governo e mostras de arte de individualidades nacionais e estrangeiras; organizar o programa de radiodifusão oficial do governo (Brasil, 1939:666-667).

A atuação do DIP abarcava praticamente toda a esfera cultural. Sua estrutura refletia essa abrangência, contando com as divisões de Divulgação, Radiodifusão, Cinema e Teatro, Turismo e Imprensa, além dos chamados Serviços Auxiliares. Sua presença também era marcante nos estados, a partir da instituição dos Departamentos Estaduais de Imprensa e Propaganda (Deips), responsáveis por reproduzir as linhas de ação emanadas do governo federal – o que permitia a este exercer eficiente controle sobre a informação e considerável domínio sobre a vida cultural do país (Velloso, 1987:20).

Em relação ao discurso produzido e divulgado pelo DIP, por meio de variados meios, como filmes e revistas, sobressaíam: a defesa da centralização política, com a consequente crítica ao liberalismo; o anticomunismo; a formulação de um novo conceito de democracia; uma forte marca nacionalista. A proposta de fundação de um novo Estado, "verdadeiramente nacional e humano", foi a tônica do discurso político pós-1937, provocando um anseio pelo redescobrimento do Brasil (Gomes, 1982:173).

No âmbito de atuação do Ministério da Educação e Saúde, além das atividades dos órgãos mencionados, a maior inovação realizada durante o Estado Novo foi a criação do Conselho

Nacional de Cultura, em 1938. O Conselho tinha como finalidade discutir as atividades que visavam ao desenvolvimento cultural do país, o que compreendia a produção filosófica, científica e literária; o cultivo das artes; a conservação do patrimônio cultural; o intercâmbio intelectual; a difusão cultural entre as massas através de livro, rádio, teatro, cinema; a propaganda e a campanha em favor das causas patrióticas ou humanitárias; a educação cívica; a educação física; a recreação individual ou coletiva (Brasil, 1938:5-6). E, apesar das divergências, o DIP e o ministério empenharam-se na construção de uma identidade nacional baseada na valorização das qualidades do homem, da natureza e da cultura brasileiras, buscando "transformar a nação em um todo orgânico, uma entidade moral, política e econômica cujos fins se realizariam no Estado" (Schwartzman, Bomeny, Costa, 2000:183).

A recuperação do passado ganhou importância nesse contexto, pois representava uma tentativa de reajustar a "essência" nacional, perdida durante as primeiras décadas do período republicano. Essa questão deu origem ao discurso da superação da situação anterior, a partir de uma mudança radical que justificasse expressões como "Estado Novo", "Brasil Novo", "novo regime", "ordem nova". Assim, os episódios de 1930 e 1937 eram vistos como duas etapas de um mesmo processo de libertação da experiência liberal da Primeira República, marcadas pelo caráter de retorno à realidade nacional (Garcia, 1982:86).

Ao demarcar "seu" lugar na história, o Estado Novo procurou refazer o próprio "sentido" de história no país. Realizou-se um esforço consciente e avultado para redescobrir o passado histórico como realidade antecedente e passível de compreensão que não podia coexistir com o presente, mas que era fonte de justificação do novo (Gomes, 1996:23,145). Nesse sentido, foram inaugurados novos museus, como o Imperial, o da Inconfidência e o das Missões. Foi dado destaque ao ensino da história da pátria nas escolas e concedido mais espaço para a celebração de episódios ou personagens históricos em programas de rádio e publicações oficiais.

Observa-se então que, considerando a cultura um "negócio oficial", o governo Vargas atendeu a muitas das demandas de artistas e intelectuais, postas como problemas de Estado e transformadas em objetos de políticas específicas a serem delineadas. Por outro lado, por meio de incentivos e da criação de novos espaços de trabalho, utilizou essas iniciativas em proveito próprio, controlando a produção artística e intelectual através da censura e da propaganda.

Do Teatro-Escola à Comissão de Teatro Nacional

A chegada de Getúlio Vargas à Presidência gerou expectativa em grande parte do meio teatral. Responsável por encaminhar o projeto de lei que regulamentou as profissões de artista e auxiliar teatral, e que ganharia seu nome, Vargas era tratado com profundo respeito pelo setor.

No final de 1930, a diretoria da Casa dos Artistas convidou alguns profissionais do teatro a organizar sugestões em um memorial que seria entregue ao governo tendo em vista a "criação do Teatro Nacional". As sugestões, dispostas em 21 itens, pleiteavam um programa de estímulo ao teatro, aos artistas e autores nacionais, trazendo em seu bojo um ideal "elevado" de teatro, considerado um "meio de expansão cultural dos povos" (Há dez anos, 1940). Na lista de tarefas, a principal, que ficaria a cargo do recém-criado Ministério da Educação e Saúde Pública, seria a oficialização de alguns teatros e companhias.

Outras propostas eram a incorporação dos teatros João Caetano e Municipal ao patrimônio da União; a aquisição de salas de teatro para a instalação das companhias oficiais; a anexação, ao Teatro Nacional, do Instituto de Música e da Escola Dramática Municipal ou a criação de um Conservatório Nacional. O governo deveria ainda abrir concurso para obras teatrais que tratassem de assuntos nacionais; isentar de impostos, por cinco anos, quem construísse teatro; criar um montepio para os artistas das companhias oficiais; e instituir uma contribuição de 2% para as companhias estrangeiras que realizassem temporadas no Brasil.

O chamado Teatro Nacional seria uma espécie de órgão administrado por um diretor-geral, uma diretoria e um conselho deliberativo, formado por representantes de: Casa dos Artistas, Sociedade Brasileira de Autores Teatrais (Sbat), Associação Brasileira de Imprensa (ABI), Instituto Nacional de Música, Escola Dramática Municipal e Companhia Nacional de Dramas e Comédias.

Observa-se, desse modo, que as propostas tinham como objetivo superar alguns dos problemas enfrentados pelo setor, entre os quais: o alto custo de manutenção de uma companhia, a inconstância do público e a falta de teatros. A oficialização de companhias também permitiria o desenvolvimento de um programa mais elaborado, sem as interferências conjunturais que costumavam afetar a exibição dos espetáculos. No início de 1931, a diretoria da Casa dos Artistas foi recebida em audiência especial pelo presidente Getúlio Vargas para a entrega do memorial, saindo desse encontro com a promessa de realização de algo definitivo em prol do teatro.

Em 1934, a Sbat se incorporou a um "movimento pró-teatro" e passou a discutir projetos apresentados por seus sócios que visavam beneficiar o setor. Um deles, de Paulo de Magalhães, indicava várias medidas que poderiam ser adotadas pelos poderes públicos, tais como: isenção por 10 anos de impostos e taxas para incentivar a construção de teatros; isenção de impostos e taxas em todos os teatros onde funcionassem companhias brasileiras que apresentassem exclusivamente peças nacionais; abatimento de 60% das passagens das companhias em turnê; criação de um Departamento Teatral Federal de controle e propaganda, gerido por um conselho supremo composto por um delegado do governo, um autor, um ator e um empresário, todos eleitos anualmente por suas respectivas categorias; distribuição anual de cinco prêmios a empresários, autores e artistas que se destacarem; criação de uma Escola Dramática Nacional com o mesmo status de outros cursos superiores (Movimento pró-teatro, 1934:13). Como na proposta apresentada pela comissão convocada pela Casa dos Artistas, a de Paulo de Magalhães, divulgada pela Sbat, previa a constituição de um órgão e a participação de representantes do segmento, o que demonstrava mais uma vez o desejo dos artistas de colaborar com a ação governamental.

Prontos para contribuir com a transformação do teatro nacional e considerando o amparo do governo um elemento essencial, os profissionais de teatro logo apresentaram suas ideias, esperando de Vargas uma resposta para suas demandas, como haviam feito os colegas de outras áreas. A primeira delas veio logo em 1932, com a formação de uma Comissão no Ministério do Trabalho, Indústria e Comércio cuja finalidade era elaborar o estatuto dos profissionais de teatro e diversões congêneres. Para isso foi convocado o oficial de gabinete do ministro Salgado Filho, Alfredo João Louzada, e convidadas personalidades representativas do meio teatral, como Abadie Faria Rosa, o empresário Domingos Segreto, o escritor e empresário João do Rego Barros, o crítico Mário Nunes. Não foram encontradas mais informações sobre essa comissão, cujos trabalhos, se existiram, não resultaram em desdobramentos.

Entre 1934 e 1935 ocorreu a subvenção do Teatro-Escola, sob a esfera do Ministério da Educação e Saúde Pública e em conjunto com a prefeitura do Distrito Federal. Idealizado por Renato Viana, o Teatro-Escola visava à formação de artistas e ao aprimoramento do gosto da plateia nacional. Segundo Mário Nunes (1956, v.4:93), a ideia foi apresentada por um antigo parceiro de Viana, Ronald de Carvalho, que naquele momento ocupava o cargo de secretário da Presidência da República.

Agendada uma reunião com o presidente Getúlio Vargas e o prefeito do Distrito Federal, Pedro Ernesto, Renato Viana expôs seu projeto de criação de um teatro brasileiro oficial, o que compreendia a realização de uma temporada anual de seis meses, com repertório mínimo de 12 peças de autores nacionais e estrangeiros; garantia de reserva de lugares para escolas e instituições educacionais mantidas pelo Estado; aproveitamento dos alunos diplomados pela Escola Dramática Municipal; excursão pelos estados; manutenção de um curso de cultura popular de artes afins; apresentação de récitas gratuitas e beneficentes (Nunes, 1956, v.4:93). Obtido o apoio, o Teatro-Escola foi instalado no Teatro Cassino, recebendo uma subvenção de 250 contos mensais. Contou, ainda, com isenção de todos os impostos e trânsito livre nas vias férreas e navios mercantes para elenco e material.

A estreia do Teatro-Escola se deu em 29 de outubro de 1934, com a representação de *Sexo*, de autoria de Renato Viana, com

A política dos palcos 47

um elenco composto por nomes como Olga Navarro, Suzana Negri, Itália Fausta, Jayme Costa, Delorges Caminha e o próprio Viana. O espetáculo foi recebido com restrições pela crítica e levantou polêmica por abordar temas como incesto e aborto. Depois de *Sexo*, seguiram as encenações de *Canto sem palavras*, de Roberto Gomes; *O dote*, de Artur Azevedo; *O ciclone*, de Somerset Maugham; e de outras peças de Viana (Dória, 1975:15-16).

O empreendimento, no entanto, logo apresentou problemas. Em carta ao presidente Getúlio Vargas datada de 30 de abril de 1935, Itália Fausta, Jayme Costa e Olga Navarro (1935) acusaram Renato Viana de descumprir contratos e compromissos com os artistas e até de retiradas irregulares de dinheiro. Foram instaurados alguns processos contra Viana (nos quais foi considerado inocente) e organizou-se uma passeata em protesto até o Palácio do Catete (Nunes, 1956, v.4:121).

Apesar de se constituir uma iniciativa isolada e favorecida pela proximidade de Viana com o secretário da Presidência da República, com a subvenção do Teatro-Escola o governo abriu um novo espaço para o teatro. Assim, atores, autores e entidades perceberam que poderiam buscar apoio para garantir seus interesses e para a própria causa do teatro, reforçando pedidos e redigindo novos memoriais que, endereçados a Vargas, eram encaminhados ao ministro da Educação e Saúde Pública, Gustavo Capanema.

Assim, em abril de 1936, a Associação Mantenedora do Teatro Nacional enviou um memorial ao governo sugerindo a criação de uma comissão para estudar os problemas do teatro e pedindo proteção aos artistas nacionais, perseguidos por empresários ligados ao cinema que "defendiam os capitais estrangeiros" (Processo nº 13.243/36). Após a leitura do memorial, Capanema mandou um ofício a Getúlio reiterando o pedido da associação e endossando a avaliação de que a crise do teatro relacionava-se com o aumento de cinemas. Crise que adquiria, no Brasil, um aspecto particular, pois faltava "boa literatura dramática" e "o grau de cultura ainda elementar do povo" não bastava para estimular "os empreendimentos de cunho elevado" que careciam de continuidade. O ministro não acreditava, contudo, que os empresários agissem propositalmente, pois, além do aspecto comercial, o que os movia era a satisfação do público, que queria "cinema estrangeiro, noventa por cento americano". Dessa forma, apontava para a importância da educação, que elevaria o nível artístico e cultural da população, do qual se beneficiaria "o pobre teatro nacional" (Processo nº 13.243/36).

Em junho de 1936, o ator Jayme Costa solicitou uma subvenção ao presidente da República, mencionando sua luta pelo engrandecimento do teatro no Brasil e as dificuldades de se viver dessa arte no país. O pedido foi respondido negativamente por Capanema, que alegou falta de verba (Processo nº 10.418/36). Em julho, Eduardo Vitorino relatou os obstáculos enfrentados por sua companhia e propôs a construção de um teatro de emergência. A ideia foi bem-recebida pelo ministro, que sugeriu a Vargas a aquisição de um teatro para a realização de um programa de amparo à arte dramática nacional (Processo nº 16.713/36).

Um mês depois, a Casa dos Artistas, mais uma vez, dirigiu-se ao presidente da República cobrando medidas eficazes de amparo. Álvaro Pires, então secretário da entidade, representou-a em uma audiência com Getúlio na qual expôs a delicada situação vivida pela classe teatral. Saiu do encontro com uma resposta positiva do presidente, transcrita no *Jornal do Brasil* de 3 de setembro de 1936:

Várias vezes os artistas têm apelado para mim. Tenho prometido, mas razões independentes de minha vontade têm desviado minha atenção desses pedidos de grande interesse social. Porém, desta vez, prometo tomá-los em grande conta e realizar a obra sonhada por quantos labutam na cena nacional.

[O secular..., 1936:11]

Como em outras áreas da cultura, o governo passou a atender às demandas do teatro. Mas, a fim de encontrar a melhor solução para a questão, era necessária uma reunião com os ministros da Educação e do Trabalho. Assim, diz Getúlio:

Ao primeiro [o ministro da Educação] autorizarei a organização de uma Comissão especial para estudar e assentar as bases da reorganização do Teatro Nacional. Dessa Comissão, por indicação minha, devem fazer parte, além de outros, o ator Procópio Ferreira e um representante da Casa dos Artistas [...]. Ao ministro do Trabalho falarei no sentido de fazer cumprir as leis dos 2/3 e de contratos e ver a melhor forma de dar andamento aos processos dos artistas quando afetos a seu ministério.

[O secular..., 1936:11]

Além das iniciativas em âmbito federal, Getúlio Vargas também se comprometeu a procurar o prefeito para conversar sobre a construção de teatros de emergência no Rio de Janeiro. Dessa forma, depois de muitas tentativas e de um longo processo iniciado nos governos anteriores, a classe teatral conseguiu uma resposta diferente por parte dos poderes públicos, a partir da criação de um órgão voltado para estudar as questões do setor.

Capítulo 3

A Comissão de Teatro Nacional

Os problemas do teatro como objeto de estudo

Instituída por portaria de 14 de setembro de 1936, a Comissão de Teatro Nacional tinha como competências estudar a edificação e a decoração dos teatros; determinar as medidas necessárias para selecionar "os espíritos dotados de real vocação para o teatro" e as ações necessárias para a organização de cursos e o preparo de atores; indicar as providências para o incremento da "boa" literatura dramática; estudar a história da literatura dramática brasileira e portuguesa; estudar a história da literatura dramática estrangeira, selecionando algumas obras para tradução; estudar o teatro lírico e a arte coreográfica; estudar o teatro infantil; examinar todos os demais aspectos do problema do teatro, a fim de sugerir ao governo medidas que pudessem favorecer o seu desenvolvimento (Portaria s.n., 1936:20461-20462).

Analisando as atribuições da Comissão, percebe-se a abrangência de seu caráter, com ênfase na promoção de estudos.

Outro ponto a ressaltar é o de que a iniciativa oficial incorporou as ideias debatidas no meio, partindo do(s) problema(s) e da necessidade de aprimoramento do teatro para realizar intervenções na área. Entre os obstáculos que a Comissão pretendia enfrentar, figuravam tanto os que envolviam aspectos materiais, como falta de casas de espetáculos, quanto os de ordem artística, exemplificados na seguinte atribuição: "incrementar a *boa* literatura dramática". A portaria também expressava preocupação com o teatro infantil, levando em consideração sua função educativa.

Tal como no caso do Serviço do Patrimônio Histórico e Artístico Nacional (Sphan) e no do Instituto Nacional de Cinema Educativo (Ince), a Comissão de Teatro Nacional passou por um período experimental nos últimos meses de 1936. Em janeiro de 1937, a Lei nº 378 a instituiu como órgão permanente, ao qual competia "estudar, em todos os seus aspectos, o problema do teatro nacional e propor ao governo as medidas que devessem ser tomadas para a sua conveniente solução" (Brasil, 1937a:19).

A criação da Comissão provocou uma reação positiva no meio teatral. A escolha de seus membros também movimentou a imprensa e as entidades representativas do setor. Não se encontrou informação sobre o motivo da ausência de Procópio Ferreira em seus quadros, nome sugerido pelo presidente da República. A Casa dos Artistas, porém, atendendo a uma solicitação de Getúlio, enviou uma lista com indicações de representantes, na qual constavam: Álvaro Pires, Antônio Sampaio, Carlos Machado, Chaves Florence, Cândido Nazaré, Eduardo Vieira, Itália Fausta, Olavo de Barros, Restier Júnior e o próprio Procópio Ferreira. A Sociedade Brasileira de Autores Teatrais (Sbat) sugeriu Renato Viana.

Além de Olavo de Barros, a Comissão contou com outros nomes ligados ao teatro, como os dos dramaturgos Benjamin Lima e Oduvaldo Vianna, e de personalidades conhecidas no campo da cultura, como Celso Kelly, Múcio Leão, Francisco Mignone e Sérgio Buarque de Holanda. Entre maio e junho de 1937, Mignone, que viajou para a Alemanha a fim de reger a Orquestra de Berlim, foi substituído por Oscar Lorenzo de Fernandez.

Desconhecem-se os critérios de seleção dos membros da Comissão. Em relação aos "homens de teatro", cabe considerar que ocupavam posições diferentes nesse campo. Oduvaldo Vianna era um nome ilustre no meio teatral e um dos fundadores da Sbat. Pertencia, portanto, à cena tradicional; suas peças faziam grande sucesso comercial e eram encenadas pelas mais conhecidas companhias do país. Esse também era o caso do ator, ensaiador e autor Olavo de Barros, que, na época, presidia a Casa dos Artistas. A situação de Benjamin Lima era um pouco distinta, pois sua atuação estava mais ligada à atividade da crítica e ele não detinha tanto êxito como autor quanto Oduvaldo Vianna, por exemplo.

Múcio Leão havia sido diretor da Casa de Rui Barbosa durante o governo provisório de Getúlio Vargas. Francisco Mignone era um respeitado compositor e professor. Celso Kelly transitava pelos meios intelectuais cariocas e dirigia o Instituto de Artes da Universidade do Distrito Federal, onde Sérgio Buarque de Holanda e Oscar Lorenzo de Fernandez eram professores.

Provavelmente os membros da Comissão foram escolhidos por motivos diversos. A despeito de todos possuírem, em graus variados, certa projeção nos campos intelectual e artístico, é necessário destacar, em primeiro lugar, a importância de um representante indicado pela classe, fato especialmente significativo considerando a ênfase dada à questão trabalhista pelo governo Vargas.

Da mesma forma, deve-se ressaltar a convocação de especialistas do meio e de áreas afins, que se constituiu outra marca desse governo. Especialização que, no caso da maior parte dos membros escolhidos para compor a Comissão, foi adquirida não através de formação superior, mas na prática. Provenientes de várias regiões do país, esses nomes encontrariam na capital federal o ambiente propício ao desenvolvimento de suas carreiras, trabalhando sobretudo na imprensa, na época a principal instância de produção cultural e o grande espaço da vida intelectual.

Além da atividade na imprensa, outro dado importante era que quase todos ocupavam postos na administração pública. Nota-se, por exemplo, a presença de dois professores e um diretor da Universidade do Distrito Federal, instituição que reuniu nomes reconhecidos da cultura e da ciência brasileiras. A experiência em órgãos públicos pode ter sido levada em conta como fator de relevância para a seleção. Tanto quanto, em sentido inverso, a participação na Comissão pode ter sido responsável pela posterior convocação de alguns deles para atuar em outras instituições durante o governo Vargas, caso de Sérgio Buarque de Holanda, que foi para o INL.

A primeira reunião da Comissão ocorreu no dia 5 de novembro de 1936, quase dois meses depois da publicação da portaria que a instituiu. Na ocasião, Gustavo Capanema expôs o desejo do governo de promover a melhoria da arte dramática e das condições de vida de seus artistas. Além desta, o ministro participou de diversas reuniões, opinando nos debates e indicando temas a serem abordados. Suas considerações também apareciam com frequência nos processos, dado que a ele cabia a "segunda palavra", após as deliberações da Comissão.

Ainda na primeira reunião, Múcio Leão foi escolhido presidente da Comissão e Celso Kelly, secretário. Ao todo foram 58 sessões da Comissão, nas quais foram debatidos assuntos diversos que indicavam preocupação em realizar uma mudança substancial na cena teatral brasileira, envolvendo desde condições de trabalho até formação de atores e autores, além da mais complexa das questões: a formação de público. A Comissão vigorou por pouco mais de um ano, período em que recebeu visitantes como o escritor Mário de Andrade, na época diretor do Departamento de Cultura de São Paulo, Joracy Camargo, Abadie Faria Rosa, Villa-Lobos e o escritor argentino Francisco J. Bollas, que discorreu sobre a seção de Teatro da Comissão Nacional de Cultura de seu país.

A Comissão também promoveu três conferências, proferidas, respectivamente, pelo professor de literatura da Universidade do Distrito Federal Robert Garric, pelo músico e professor Antônio Sá Pereira e pelo dramaturgo Joracy Camargo. As palestras, a despeito de terem o teatro como tema, versavam sobre diferentes aspectos. A de Robert Garric, intitulada *Théâtre et ses problémes*, oferecia um panorama mundial sobre o assunto. A de Antônio Sá Pereira, *Teatro – Padrão de cultura*, focalizava o caso brasileiro e apresentava propostas para a atuação do Estado. E a de Joracy Camargo, *Teatro brasileiro – Teatro infantil*, abordava a relação entre o palco e as crianças. A promoção de conferências e de estudos, alguns dos quais chegaram a ser publicados, foi uma das mais importantes atividades da Comissão de Teatro Nacional.

As ideias e iniciativas da Comissão de Teatro Nacional

A divisão dos trabalhos na Comissão foi estabelecida, de maneira geral, levando-se em conta o conhecimento de cada integrante da equipe. Celso Kelly, professor de artes plásticas e organizador de concursos de espetáculos à frente da Associação dos Artistas Brasileiros, tratou da construção e aquisição de teatros e dos estudos sobre cenografia. Sérgio Buarque de Holanda, mais ligado à literatura, experiência advinda de sua colaboração em várias revistas modernistas, estudou a tradução de peças. Múcio Leão, jornalista e escritor, dedicou-se à história do teatro. O compositor Francisco Mignone elaborou um plano para uma escola de música e conduziu os debates sobre o amparo ao teatro lírico e à tradução de libretos de ópera. Benjamin Lima, autor, tradutor e crítico teatral, ficou encarregado de estudar a criação de uma escola e de estabelecer prêmios para as peças nacionais. Oduvaldo Vianna, profundo conhecedor da cena teatral, teve a seu cargo a organização de um edital que abriu concorrência para a subvenção de três companhias de comédia. Olavo de Barros ficou encarregado de redigir um edital semelhante para grupos amadores.

Em relação ao primeiro item disposto entre as atribuições da Comissão, o da edificação e decoração dos teatros, coube a Celso Kelly elaborar um estudo. Analisando o panorama geral da questão no Brasil e as consequências da escassez de casas de espetáculos, Kelly concluía que a Comissão deveria organizar um inquérito para saber quais os tipos de edifícios adequados a esse fim. Depois disso, caberia: contratar arquitetos; pleitear, nos governos federal, estaduais e municipais, a construção de novas casas; fornecer informações técnicas sobre o assunto a particulares; abrir concursos estabelecendo prêmios para o desenvolvimento da arte cenográfica; contratar cenógrafos estrangeiros para a realização de cursos no Brasil; concorrer para a instalação de ateliês de decoração nos teatros oficiais (Processo s.n., 19-11-1936).

Todas essas sugestões foram aprovadas por Capanema, que incluiu, em seu parecer, a isenção de impostos municipais para a construção de teatros, acompanhada de uma carta ao prefeito do Distrito Federal solicitando debate sobre o tema. Percebe-se, assim, um posicionamento pragmático do ministro, que logo encaminhou o assunto naquilo que lhe parecia de mais fácil alcance.

Mas, apesar das considerações de Celso Kelly e do ministro, a construção de teatros permaneceria por muito tempo na pauta das reuniões da Comissão sem uma solução adequada. Em janeiro de 1937 foi a vez de Olavo de Barros estudar a matéria. Sua proposta era arrendar três teatros por um prazo de cinco a seis anos para abrigar companhias líricas, de comédias, de espetáculos de bailados e de operetas, cabendo à Comissão a fiscalização das temporadas, dos elencos, dos repertórios e da receita (Processo s.n., 1937). Suas ideias, diferentes das de Kelly, tinham um caráter mais prático e continham uma solução ainda mais factível do que a sugerida pelo ministro, mas somente em 1938 esta seria adotada pelo governo, com o arrendamento do Teatro Ginástico.

Em maio de 1937, o assunto voltou à pauta na Comissão, que recomendou ao ministro a construção de um grande edifício que comportasse três teatros, além das sedes da Comissão de Teatro Nacional, do Ince e do Serviço de Radiodifusão Educativa. Proposta que foi aprovada por Capanema e incluída no orçamento do ministério, conforme ata da sessão do dia

5 daquele mês, mas que, como outras ideias, não saiu do papel (Proposta..., 5-5-1937).

A decoração dos teatros também mereceu estudo e o projeto de um edital para um concurso de cenografia, cujas bases foram elaboradas por Celso Kelly. A redação de projetos de editais para concursos foi uma prática frequente utilizada por Capanema à frente do Ministério da Educação e Saúde, da qual o exemplo mais conhecido foi o da construção do edifício-sede do próprio ministério, no Centro do Rio de Janeiro, em 1935. O lançamento de edital foi uma forma encontrada para convocar e estimular os artistas a participar do programa do governo, contribuindo com suas obras e recebendo prêmios para isso, desde que atendessem aos critérios estabelecidos. A exigência do anonimato dos concorrentes em alguns desses concursos sugere uma tentativa de se distanciar da usual troca de favores condicionada às relações de proximidade – que, ainda assim, continuou a existir, com a encomenda direta de alguns trabalhos.

Apesar de o edital para o concurso de cenografia não ter sido lançado, esse é um elemento interessante para se pensar acerca da abrangência dos planos de atuação da Comissão. Outro ponto a destacar é o da seleção de peças e óperas, para as quais os concorrentes deveriam criar os cenários. A lista de peças selecionadas para ganhar subvenção contém obras significativas da história do teatro e da ópera no Brasil, na qual se destacam *Guerras do alecrim e da manjerona*, de Antônio José, o Judeu; *Mãe*, de José de Alencar; *O dote*, de Artur Azevedo; e produções contemporâneas, como *O bobo do rei*, de Joracy Camargo. Dentre as óperas, sobressaem *O guarani*, de Carlos Gomes, e *Malasarte*, de Oscar Lorenzo de Fernandez, que tratavam de temáticas nacionais. A lista inclui *Maracatu de Chico*

Rei, espetáculo de bailado composto por Mário de Andrade e inspirado na cultura popular (Projeto..., 1936). Abarcava, portanto, textos que iam do século XVIII ao momento presente e que variavam do erudito clássico (com a ópera de Carlos Gomes) ao popular (com a comédia de Artur Azevedo) e ao popular ligado ao folclore (com o bailado de Mário de Andrade), compondo um quadro representativo da brasilidade, isto é, um caráter múltiplo do nacional.

O segundo item presente entre as competências da Comissão, o da formação de atores, surgiu nas discussões por meio do tema da criação de uma escola. Inicialmente, o ministro encarregou Francisco Mignone e Oduvaldo Vianna de tratar da questão das escolas de música e de teatro, respectivamente. Mas, embora Vianna tivesse sido apontado para redigir o estudo, o projeto encontrado leva a assinatura de Benjamin Lima. Segundo Lima, o governo federal deveria intervir no "fraco" curso promovido pela Escola Dramática Municipal e apoiar os conjuntos de amadores. Em outro documento incluído no mesmo processo, de autoria não identificada, mas provavelmente escrito por Francisco Mignone, havia sugestões para a fundação de um teatro lírico experimental na Universidade do Distrito Federal, contendo um esboço do programa e das disciplinas que deveriam ser lecionadas (Processo s.n., 26-11-1936).

Apesar de constante nos debates sobre o teatro veiculados pela imprensa, a proposta de criação de um curso para formação de atores não mereceu grande espaço no seio da Comissão, além das considerações de Benjamin Lima. Por outro lado, a ideia de amparar grupos amadores se consolidou em uma das principais linhas de atuação tanto da Comissão como do Serviço Nacional de Teatro (SNT).

A terceira atribuição da Comissão, a do incremento da literatura dramática, também recebeu pouca atenção – apenas a proposta de um concurso para a premiação de peças nacionais escritas por brasileiros natos ou naturalizados, com tema livre, desde que este não atingisse os interesses da ordem coletiva e a segurança do Estado. Fora isso, pode-se considerar ainda, como meio de incentivo à produção, a exigência de representação de peça original brasileira de autor inédito presente no edital de subvenção das companhias teatrais (Lima, 1936).[3]

Em uma das últimas sessões da Comissão, em 15 de dezembro de 1937, pouco depois da instalação do Estado Novo, foi lida uma sugestão do presidente da República para a abertura de um concurso de peças nacionalistas, sendo Benjamin Lima indicado para a elaboração do edital (Ata nº 57, 1936). O concurso não chegou a ser realizado, mas, com a instituição do SNT, peças com esse conteúdo passaram a ganhar destaque nos repertórios dos artistas, que buscavam, assim, reforçar os argumentos de seus pedidos de subvenção.

Ao contrário das três primeiras atribuições, receberam consideráveis investimentos as referentes aos itens quatro, cinco e seis, ou seja, relacionados, respectivamente, ao estudo da história da literatura dramática brasileira e portuguesa; à tradução de peças e à pesquisa da história da literatura dramática estrangeira; e ao estímulo ao teatro lírico e à arte coreográfica.

Múcio Leão ficou encarregado do estudo da literatura dramática brasileira e portuguesa e propôs um concurso para a

---

[3] A Lei nº 385, de 26 de janeiro de 1937, tornou obrigatória a inclusão de composições de autores brasileiros natos em todos os programas de concertos e teatros. Contudo, como essa questão não mereceu espaço nas discussões da Comissão, não será tratada aqui.

redação de uma história do teatro brasileiro. O edital estabelecia como condições para a obra: fazer um circunstanciado estudo do desenvolvimento do teatro no Brasil, considerando todos os aspectos do assunto (os edifícios, a literatura dramática, a dança, o teatro lírico, os atores e a sua preparação, o teatro infantil, o teatro escolar etc.); e conter uma introdução sobre o teatro português e o de outros países, mostrando as influências exercidas por estes na formação do teatro nacional (Leão, 1936; Silva, 1938:5-7).

A proposta de elaborar uma história do teatro brasileiro resgatando sua matriz portuguesa e as influências europeias revelava uma tentativa de inserir a cultura nacional no quadro maior da história da arte do mundo ocidental, preocupação comum a outros órgãos. Evidenciava também a necessidade de mais estudos sobre o tema, talvez por serem raros os trabalhos existentes em torno do assunto. Outro ponto a ressaltar é a presença de tópicos que não eram, geralmente, tratados nas histórias do teatro, como a preparação dos atores, o teatro infantil e o teatro escolar, temas caros à Comissão. Por último, pode-se pensar que a escrita de uma história do teatro brasileiro também se articulava à criação de uma identidade e de uma cultura nacionais, enraizadas em uma tradição que precisava ser recuperada para ser difundida.

Uma única pessoa se inscreveu nesse concurso, o crítico teatral Lafayette Silva. Ao que parece, seu trabalho não atendeu às expectativas da Comissão, que lhe concedeu o segundo lugar e impôs, como condição para a publicação da obra, a correção de falhas e a revisão de todo o texto para que adquirisse "mais precisão nos dados, mais ordem e método no desenvolvimento, mais apuro no estilo" (Brasil, Ministério da Educação e Saúde, 1937:21). Revisto ou não, o livro de Lafayette Silva, *História do teatro brasileiro*, foi publicado em 1938.

Sérgio Buarque de Holanda foi designado para o estudo sobre a tradução de obras estrangeiras. Em sua opinião, o exame da literatura dramática teria de se conformar a algumas limitações. A principal delas, segundo ele, se relacionava com as condições peculiares à arte do teatro, sobretudo à dependência em que esta se achava, mais do que qualquer outra forma artística, do gosto do público. No entanto, Sérgio Buarque não considerava que o gosto do público devesse ser um critério para a exclusão de obras da "Coleção de Teatro Universal" que propunha organizar, cujo objetivo era servir de "matéria-prima para estimular as imaginações dos criadores de um futuro teatro brasileiro" (Processo s.n., 12-11-1936).

Depois do parecer favorável à criação dessa coleção, Capanema sugeriu que alguns intelectuais fossem consultados para a escolha dos textos a serem traduzidos, ficando Sérgio Buarque com o encargo de redigir uma circular com a proposta do inquérito. A organização de inquéritos era outra prática recorrente de Capanema, que chamava, com frequência, diversos especialistas e notáveis para opinar sobre assuntos que julgava importantes. Assim, deveriam ser listadas 20 peças que atenderiam aos seguintes requisitos: ser obra-prima da literatura, ter um sentido humano e universal e ser capaz de interessar o grande público.

Entre os intelectuais que receberam a circular estavam Gustavo Barroso, Roquette-Pinto, Afonso Celso, Mário de Andrade, Alcântara Machado, Tristão de Athayde, Viriato Corrêa, Afonso Arinos de Melo Franco, Manuel Bandeira, Renato Viana, Joracy Camargo, Antônio Sá Pereira, Francisco Campos, Gilberto Freyre, Carlos Drummond de Andrade, Cláudio de Sousa, Vinicius de Moraes, Monteiro Lobato, Álvaro Moreyra, Menotti del Picchia, José Lins do Rego, Jorge Amado, José Américo de Almeida, Assis Chateaubriand, Oswald de Andrade, Cassiano Ricardo, Fernando de Azevedo.

As respostas compõem um quadro interessante e ajudam a refletir sobre a importância atribuída pela intelectualidade da época aos clássicos do teatro universal, bem como sobre o conhecimento, de alguns deles, de peças e autores mais recentes. Em algumas das listas aparecem autores como Strindberg, Bernard Shaw, Jean Cocteau, Eugene O'Neill e Alfred Jarry. A peça mais votada foi *O Cid*, de Racine, seguida de *Hamlet*, de Shakespeare, e *Fausto*, de Goethe (Brasil, Ministério da Educação e Saúde:16). No entanto, a primeira obra a ser traduzida e editada pelo ministério de Capanema foi *Romeu e Julieta*, de Shakespeare, que atingiu o sétimo lugar na indicação dos intelectuais. O encarregado do trabalho foi Onestaldo de Pennafort, que realizou a primeira tradução, no Brasil, de uma peça de Shakespeare, publicada em 1940 em cuidada edição.

Uma das linhas de atuação direcionadas para o teatro lírico também se orientou para a questão da tradução. Em novembro de 1936, Capanema aprovou o parecer de Francisco Mignone sobre o pedido de auxílio de Paula Barros para a realização da tradução para o português do libreto da ópera *O guarani*, de Carlos Gomes, escrita originalmente em italiano. Depois, encomendou a Mignone um estudo sobre o teatro lírico (Ata nº 3, 1936).

Para Mignone (1936), o teatro lírico era "quase inexistente", e os poucos empresários atuantes não procuravam representar "qualquer nova produção nacional", desestimulando os compositores. Sugeria então ao governo fundar um Teatro de Ópera

Lírica Brasileira; estimular a produção de novas óperas mediante encomendas e concursos; criar escolas de aperfeiçoamento e preparação abrangendo canto, declamação, dicção, arte cênica, dança, coreografia e cenografia; comprar, alugar ou construir um teatro para a instalação das escolas mencionadas; entrar em entendimento com os governos estaduais para que estes tivessem seus próprios teatros em condições de funcionar de acordo com as diretivas do Teatro de Ópera Lírica Brasileira; tratar de dotação federal e de subvenções dos governos estaduais; organizar uma orquestra sinfônica.

Em meio à grandiosidade da proposta, o ministro deliberou que de imediato se realizasse um concurso de libretos e se contratassem compositores para a criação da música dos que fossem premiados. O edital do concurso, lançado em novembro de 1936, determinava como condições ser escrito em português, acompanhado de versão em francês, espanhol ou italiano, e de conter temas inéditos e originais, colhidos das lendas e da história do país ou inspirados em ambiente brasileiro (Projeto..., 26-11-1936). Também aqui se percebe a busca da brasilidade como peça fundamental para a criação de obras a serem patrocinadas pelo ministério, cujos modelos poderiam ser encontrados nos trabalhos de Carlos Gomes e do próprio Mignone.

Inscreveram-se vários concorrentes nesse concurso, mas nenhum foi considerado merecedor do prêmio, o que não foi suficiente para Capanema abandonar o assunto. Em setembro de 1937, ele o retomou, cobrando uma solução imediata para dois problemas: a produção de óperas nacionais e a nacionalização de estrangeiras. Nesse sentido, incumbiu Múcio Leão e Benjamin Lima da indicação de romances célebres e lendas nacionais que servissem de temas para os libretos que seriam encomendados, além de sugestão de óperas a serem traduzidas para o português (Ata nº 50, 1937). Entre as óperas propostas, foram publicadas *Lo schiavo*, de Carlos Gomes, traduzida por Paula Barros, e *La traviata*, de Verdi, traduzida por Narbal Fontes, em 1939 e 1940, respectivamente.

A preocupação de Capanema e dos membros da Comissão com a formação do teatro lírico brasileiro radicava-se em um movimento mais geral de valorização da nacionalidade que atravessou outras áreas da cultura brasileira, conforme já mencionado. No caso da música, fora a incorporação de temas folclóricos, de origem indígena ou africana, a língua também adquiriu importância fundamental, o que ajuda a entender a iniciativa de tradução dos libretos. Para o ministério, a língua portuguesa era um instrumento educativo de construção da nacionalidade, tendo sido contemplada em várias linhas de frente: em relação à "nacionalização da cultura", na política de "abrasileiramento" dos núcleos estrangeiros e também com o plano de elaboração de um grande dicionário, proposto um pouco depois pelo Instituto Nacional do Livro (INL). O destaque dado à ópera merece igualmente atenção, pois esta representava a cultura erudita – assunto que permaneceria na pauta das preocupações do ministério tanto sob o âmbito do SNT como relacionado a atividades ligadas mais estritamente à música.

Nas duas reuniões seguintes, ainda em setembro de 1937, a discussão em torno desse tema continuaria. Na lista de compositores apresentada com condições de escrever óperas constavam os nomes de Villa-Lobos e Oscar Lorenzo de Fernandez, que compareceram na sessão seguinte ao lado de Luiz Heitor Correia de Azevedo. Os dois primeiros foram convidados a trabalhar numa ópera nacional, mas Villa-Lobos recusou o convite por estar comprometido com outros trabalhos. Oscar Lorenzo de Fernandez, atendendo ao pedido do ministro, escreveria um libreto sobre a história de "Marília e Dirceu", baseado em poema de Tomás Antônio Gonzaga. Luiz Heitor ficou encarregado de elaborar um índice de todas as óperas brasileiras, com os resumos dos libretos, trabalho publicado pelo ministério em 1938 (Atas nos 51, 52 e 53).

Em relação ao sétimo item contido entre as competências da Comissão de Teatro Nacional, o do estudo do teatro infantil, nota-se que, embora presente nas discussões de diversas sessões, foi pouco considerado em termos práticos. Em reunião extraordinária, em maio de 1937, o tema foi abordado em uma palestra proferida por Joracy Camargo publicada nesse mesmo ano. A palestra, contudo, não versava somente sobre o teatro infantil, abrangendo uma discussão sobre o teatro brasileiro em sua primeira parte. Na segunda, aparecia a sua principal proposta, que consistia na criação do Teatro da Criança, espécie de companhia oficial destinada à realização exclusiva de espetáculos infantis, cuja estratégia inicial se basearia em aproximar a população do teatro, para depois organizar um teatro com

um caráter eminentemente social, político e popular, orientado no sentido de trazer o povo em constante contato com as realidades da vida, ensinando-o a tornar parte ativa na construção do regime que melhor convém ao nosso país, convencendo-o de que seremos felizes no dia em que todos os problemas básicos da nacionalidade, apresentados objetivamente pelo teatro, forem dignamente resolvidos pelos esforços e pela inteligência da comunhão brasileira.

[Camargo, 1937:41-42]

A política dos palcos

Um mês após a palestra, a Comissão entrou em contato com o diretor da Escola Pádua Soares, a fim de confiar-lhe um espetáculo infantil. Também foi liberado amparo a espetáculos realizados pelo Colégio Pedro II no Teatro João Caetano. E, no edital de subvenção para grupos amadores, a matéria apareceu novamente, com a obrigatoriedade de amparo a duas companhias que encenassem espetáculos do gênero.

As subvenções: artistas consagrados, amadores e grandes espetáculos

Apesar da malsucedida empreitada do Teatro-Escola, a atividade de subvenção se tornou uma das tônicas da ação implementada pela Comissão de Teatro Nacional. Os primeiros pedidos vieram de artistas e empresários que, de certa forma, legitimavam essa prática, buscando nos poderes públicos patrocínio para seus espetáculos. O tema das subvenções foi tratado logo nas primeiras reuniões. Antes da instituição do edital para concorrência, a Comissão aprovou a distribuição de alguns auxílios. Um deles se destinava a pedido de ajuda financeira de Jayme Costa feito em junho de 1936, cuja concessão foi motivo de embates no interior do órgão. Houve três pareceres sobre o tema.

Oduvaldo Vianna redigiu um parecer favorável ao amparo, observando que:

> Se bem que não tenha engrandecido o Teatro Nacional, o requerente tem prestado inegáveis serviços, e mesmo certo brilho, à arte de representar entre nós [...] tendo sido o primeiro a representar Pirandello em nosso idioma. Acresce que ser ator, entre nós, ainda é um ato de verdadeira bravura que o governo deve premiar.

> [Ata nº 6, 1936]

Atente-se que os termos expostos realçavam a presença no repertório de Jayme Costa de um autor considerado importante no meio intelectual, Pirandello, somando-se a isso o reconhecimento do valor daqueles que enfrentavam uma série de dificuldades para fazer teatro no Brasil. Verifica-se, dessa maneira, que Vianna, ao mesmo tempo em que parecia ambicionar um ideal de teatro de arte, constatava a necessidade mais premente da garantia de sobrevivência dos que se dedicavam ao teatro. Já o parecer de Olavo de Barros foi contrário ao auxílio, sob a alegação de que a companhia de Jayme Costa estava dissolvida. O terceiro parecer coube a Benjamin Lima, que concordou com os argumentos de Vianna e considerou justa a concessão do auxílio (Processo nº 10.418/36).

Na terceira reunião da Comissão, em novembro de 1936, o ministro indicou Oduvaldo Vianna para a elaboração de um projeto que estipulasse as condições e os requisitos exigidos para companhias que desejavam auxílio da União, mas o regulamento das subvenções só retornou à pauta em fevereiro de 1937 (Atas nos 3 e 19, 1936-37). A realização de um concurso modificava a forma usual de realização das subvenções, já que definia, preliminarmente, os critérios de escolha. A veiculação do edital na grande imprensa era um meio de atrair o maior número de candidatos, abrindo um espaço de concorrência para companhias de todo o Brasil. O edital foi lançado em 25 de março de 1937, com a temporada fixada em oito meses, devendo as três companhias selecionadas ficar dois meses e 20 dias no Distrito Federal e o restante em excursões. As estreias se realizariam no Rio de Janeiro, em São Paulo e em Recife, e a recomendação era de que cada uma percorresse de 10 a 30 cidades.

O repertório deveria ser composto por seis peças (quatro, no mínimo, de autores brasileiros, com uma inédita e outra de autor não representado) e organizado mediante a aprovação da Comissão, que teria como critério de avaliação a presença de fundamentos educativos e culturais. O edital também definiu o valor da subvenção em 200 contos, divididos em quatro prestações. E as propostas deveriam ser encaminhadas com informações sobre elenco, diretor, repertório e outros elementos essenciais para o julgamento da idoneidade artística, moral e comercial dos proponentes (Edital, 1937). Os planos apresentados revelam as estratégias usadas pelos artistas para convencer o governo do valor artístico de seus trabalhos e enfatizar as dificuldades encontradas na sua realização, dos quais seguem alguns exemplos.

Um dos primeiros requerimentos enviados foi o de Luiz Médici, proveniente de São Paulo. O repertório de sua companhia era composto por peças de teor histórico e por textos do século XIX, como *Tiradentes*, de Viriato Corrêa, *Gonzaga ou a revolução de Minas*, de Castro Alves, e *Mãe*, de José de Alencar. Mas, além da proposta, Médici aproveitou a oportunidade para reclamar dos obstáculos à realização de apresentações no interior, onde as salas estavam sendo tomadas por empresas cinematográficas, e sugerir ao governo a construção de um Pavilhão de Teatro Popular desmontável e a organização de uma companhia oficial de dramas e comédias para viajar pelos estados (Processo nº 6.651/37).

Outro que expôs os problemas enfrentados pela classe artística foi Serra Pinto, que relatou sua trajetória como jornalista e crítico teatral, enfatizando que tais atividades sempre foram orientadas para "animar artistas e autores, criticando de forma a construir um teatro elevado, digno de nossa civilização" (Processo nº 7.349/37). O argumento da "elevação do teatro" era mais uma forma de legitimar o pedido, e o repertório sugerido incluía peças de Martins Pena, Artur Azevedo, França Júnior e Luiz Iglézias, que mostravam a "evolução da sociedade brasileira" e a "evolução do teatro brasileiro", provando "que há mais de 100 anos temos tido prólogos de grande valor e que o teatro brasileiro ainda não é realidade apenas pela falta eficiente de incentivo oficial" (Processo nº 7.349/37).

A estratégia de Jayme Costa foi distinta. Ele destacou a história de sua companhia, elencando todos os atores que passaram por ela e todos os autores representados. Também enumerou as cidades onde se apresentou, mostrando o quanto seu trabalho era conhecido no Brasil. Seu repertório era composto por peças de autores nacionais, como Oduvaldo Vianna, Abadie Faria Rosa, Joracy Camargo, Martins Pena, Coelho Neto e Ernari Fornari, além de nomes da qualidade de Eugene O'Neill e Pirandello. O elenco trazia atores como Lygia Sarmento, Custódio Mesquita, Ferreira Maya, Rodolfo Mayer. A direção ficaria com Eduardo Vieira e os cenários seriam produzidos por Tomás Santa Rosa e outros artistas (Processo nº 7.352/37).

As entidades de classe logo se manifestaram a respeito da concessão de subvenções e do edital. Em março de 1937, a Sbat enviou uma carta a Capanema, contendo a proposta do conselheiro Fábio Aarão Reis de que a aprovação dos pedidos de subvenção estivesse condicionada ao pagamento do direito autoral na base mínima de 10% sobre a receita bruta do espetáculo. A carta foi debatida na reunião de 25 de maio, e o parecer ficou a cargo de Benjamin Lima, que, apesar de favorável à ideia, lembrava que o edital já havia sido lançado (Processo nº 4.040/37 e Ata nº 38, 1937).

Em abril, a Casa dos Artistas enviou uma solicitação ao ministro pedindo prioridade aos artistas sindicalizados, de

A política dos palcos

acordo com o Decreto nº 24.694, de 1934, que assegurava aos empregados sindicalizados a preferência, em igualdade de condições, para a admissão em empresas que explorassem serviços públicos ou que mantivessem quaisquer contratos com os poderes públicos federais, estaduais ou municipais (Processo nº 7.421/37). Mas não foi encontrada referência a esse tema nas atas da Comissão.

O resultado da concorrência foi objeto de sessão extraordinária em 24 de abril. Por meio da ata escrita na ocasião, podem ser conhecidos os nomes dos vencedores e as justificativas dos membros da Comissão para a concessão dos auxílios. As companhias escolhidas foram a de Jayme Costa, a de Arte Dramática, administrada por Álvaro Moreyra, a Companhia Dramática de Álvaro Pires e a de Serra Pinto (as duas últimas ficaram empatadas). De acordo com a ata, o concurso contou com a participação de 11 companhias e os critérios de escolha deixaram de lado as personalidades em jogo, considerando apenas "a obra de cultura e de patriotismo que o governo pretende realizar no domínio do teatro como fator de educação coletiva" (Ata nº 29, 1937).

A proposta de Jayme Costa foi imediatamente aceita por satisfazer todas as exigências do edital. Às companhias de Álvaro Pires e Serra Pinto, a Comissão sugeriu a fusão de elencos. A de Álvaro Moreyra foi classificada porque:

A Comissão de Teatro Nacional teria, entretanto, a certeza de trair a confiança da V. Ex.ª [sic] e comprometer o futuro da obra planejada pelo governo com o intuito de favorecer a evolução da cena brasileira, se não opinasse pelo aproveitamento do concurso precioso que a esta obra está oferecendo Álvaro Moreyra, um dos mais altos expoentes da mentalidade brasileira contemporânea e notoriamente consagrado, desde muito, no estudo das questões do teatro.

[Ata nº 29, 1937]

Seu repertório, contando com peças como *O noviço*, de Martins Pena, e *Volúpia da honra*, de Pirandello, além de obras de autores inéditos, foi definido como "o que melhor atendeu a um dos objetivos dos nossos governantes, na presente campanha de se criarem possibilidade e desenvolvimento e melhoria da produção teatral, bem como para o aparecimento de novos comediógrafos e dramaturgos" (Ata nº 29, 1937).

Outra ideia proposta por Álvaro Moreyra, que agradou aos membros da Comissão, foi a organização das Tardes Culturais, um conjunto de conferências e palestras sobre a evolução da arte cênica que seriam realizadas por todas as cidades por onde a companhia excursionasse. Um único problema foi apontado pela Comissão, o da ausência de artistas conhecidos, o que poderia ser facilmente resolvido com a contratação de elementos "mais representativos".

É interessante atentar que Álvaro Moreyra, afora suas qualidades artísticas, também era conhecido por suas ligações com grupos de esquerda. Sua casa servia de ponto de encontro do Clube de Cultura Moderna, uma das seções da Aliança Nacional Libertadora (ANL), e sua esposa, Eugênia, foi presa pelo regime em 1937. Por ocasião do fechamento da ANL, em 1935, Álvaro manifestou-se publicamente, escrevendo um artigo de protesto no jornal *A Manhã* (Antunes, 1999:31-32). Pode-se notar, portanto, que suas convicções políticas contrárias a certas diretrizes do governo não foram motivo para que se afastasse da concorrência nem que fosse excluído do patrocínio oficial. Para a Comissão e para Capanema, anticomunista convicto, certamente era mais importante a obra do autor, desde que esta não tivesse um conteúdo crítico ou contrário ao governo (Williams, 2000:263).

Cabe assinalar ainda que todas as companhias amparadas eram do Rio de Janeiro, o que revela a pouca abrangência dessa concorrência, suscitada talvez porque elas fossem as únicas que tinham condições de atender a todas as exigências do edital. Após Álvaro Moreyra aceitar as mudanças sugeridas e Serra Pinto desistir da subvenção, foi dado início às temporadas das três companhias, ficando Benjamin Lima encarregado de fiscalizá-las.

Por outro lado, a subvenção de grupos amadores também esteve na pauta da Comissão desde as primeiras reuniões. Elemento importante para a renovação do teatro, segundo o citado estudo de Benjamin Lima, o assunto foi levantado pelo ministro em uma das últimas sessões de 1936. Contudo, somente após o processo que definiu as condições para um concurso de companhias profissionais de comédia a questão foi discutida com mais profundidade.

Assim, em fevereiro de 1937, foram aprovadas as bases para um edital cuja redação ficou a cargo de Olavo de Barros. De acordo com este, os auxílios seriam concedidos por espetáculo, que podia ser de comédia, ópera de câmara, opereta, teatro infantil ou bailado, cabendo aos concorrentes indicar o elenco, o programa, o palco de que dispunham, o responsável pela companhia e os elementos que traduzissem sua capacidade artística e idoncidade moral (Ata nº 20, 1937). O edital também esclarecia que seriam 20 subvenções, estipuladas no valor de três contos para espetáculos de arte dramática e de cinco para bailados ou operetas. O pagamento seria feito em duas prestações, e os interessados poderiam se candidatar com mais de um programa, garantindo a gratuidade ou a venda dos bilhetes a preços populares (Subvenções..., s.d.).

O amparo foi dado a grupos de diferentes categorias, as quais incluíam grêmios escolares, como o Liceu de Artes e Ofícios e o Diretório Acadêmico da Escola Nacional de Música, e outros ligados a organizações operárias, como o Centro Ideal Ferroviário, de São Paulo. Diferentemente do que ocorrera no concurso das companhias de comédia, os conjuntos de amadores pertenciam a cidades de vários estados, como Caruaru (PE), São Paulo (SP), Fortaleza (CE), Niterói (RJ), Florianópolis (SC), Campinas (SP), Lima Duarte (MG), São João Del Rei (MG), Passo Fundo (RS), Ribeirão Vermelho (MG), Rio Grande (RS), Porto Alegre (RS), além do Distrito Federal.

Os processos dos grupos amadores se assemelhavam aos das companhias de comédia pela presença de diversas justificativas destinadas a legitimar seus requerimentos. As peças apresentadas por esses grupos eram de autores consagrados, contemporâneos ou não, entre eles Oduvaldo Vianna, Coelho Neto, Artur Azevedo, Armando Gonzaga, Renato Viana e Viriato Corrêa. A recorrência do nome de Oduvaldo Vianna, cujas peças foram propostas em cinco desses requerimentos, pode ser pensada como mais uma estratégia utilizada para a obtenção do auxílio, já que o autor era membro da Comissão.

Além das companhias de comédia e dos grupos amadores, a Comissão foi responsável pela subvenção de grandes espetáculos de arte que não foram abertos à concorrência. Nesses casos, fica evidente a interferência direta de Capanema, como demonstram certos ajustes entre as propostas dessas representações às diretrizes culturais do ministério, em especial no que se referia à questão da identidade nacional e à valorização da cultura erudita.

A política dos palcos

O primeiro desses espetáculos foi a ópera *O guarani*, cantada em português, em maio de 1937, sob a regência de Ângelo Ferrari e com a participação dos cantores líricos Carmen Gomes e Reis e Silva. O segundo foi um espetáculo de bailados proposto por Eros Volúsia e encenado em 3 de julho, no Teatro Municipal, com Francisco Mignone na regência da orquestra. A Comissão também subvencionou, entre outubro e dezembro de 1937, a Sociedade Anônima Teatro Brasileiro, que realizou uma série de espetáculos líricos, entre os quais, *O barbeiro de Sevilha*, de Rossini, *La bohème*, *Tosca* e *Madame Butterfly*, de Puccini, *La traviata* e *Rigoletto*, de Verdi (Brasil, Ministério da Educação e Saúde, 1937:32-34).

"Um decisivo passo, no sentido de aumentar e aprimorar as atividades teatrais do nosso país"

A Comissão deixou um relato importante sobre seus trabalhos, publicado em 1937 com o título *O governo e o teatro*. O livro começa com um texto assinado por Gustavo Capanema, intitulado "Duas palavras", em que o ministro resume a intenção do governo de amparar o teatro:

> Verifica-se que, apesar dos óbices de toda sorte, foi dado, pela Comissão de Teatro Nacional, um decisivo passo, no sentido de aumentar e aprimorar as atividades teatrais do nosso país. Foram tomadas numerosas iniciativas, um longo programa foi executado e não são poucos os resultados colhidos.

> Da experiência resultante dos trabalhos realizados, se pôde chegar à organização do Serviço Nacional de Teatro, a cujo cargo ficarão daqui por diante os serviços relativos ao teatro.

O presidente Getúlio Vargas, que tem dado a esse problema so-
lícita atenção, continuará a envidar esforços para que as realizações de seu governo sejam, nesse setor do serviço público,
cada vez mais numerosas e significativas.

[Brasil, Ministério da Educação e Saúde, 1937: s.p.]

Além desse livro, existe um documento que traz inúmeras
informações sobre o órgão, onde se incluem as conclusões sobre os trabalhos de 1937 enviadas para Capanema em dezembro desse ano, um pouco antes da extinção da Comissão. Uma
dessas conclusões refere-se às subvenções às companhias profissionais. A Comissão verificou que o sistema adotado não
deveria se repetir, "pois não participaram da concorrência
elementos de real valor que deveriam figurar numa iniciativa oficial". São apontados ainda outros problemas, como a
frequente saída de atores dos elencos e o alcance de poucos
municípios.

Sobre a subvenção concedida a Jayme Costa, o parecer
considerava que, apesar do êxito do espetáculo, a companhia manteve o repertório ligeiro. No caso de Álvaro Pires, a
opinião foi de que suas apresentações estavam "longe de ser
teatro moderno, ou teatro em evolução". Já o grupo de Álvaro Moreyra, embora tivesse tentado realizar "peças de maior
sentido artístico", não mereceu da crítica um apoio unânime,
pelo contrário, foi "vítima de uma campanha cuja origem se
encontrava na prevenção contra os que o meio teatral considerava amadores ou não profissionais". A conclusão era,
portanto, de que se deveriam amparar, com pequenas subvenções, as companhias que excursionassem pelo interior e
instituir uma companhia oficial na capital da República, com
subvenção anual de 300 contos (Proposta..., 15-12-1937).

A política dos palcos 77

Por outro lado, a subvenção de grupos amadores foi vista de forma positiva: "não se enganou a Comissão [...] em considerar o amadorismo uma esplêndida escola". Assim, concluiu-se que o governo deveria estimular ainda mais as atividades desses grupos, constituindo um serviço de assistência técnica para aprimorar seus trabalhos e substituindo as subvenções por espetáculos por auxílios anuais (Proposta..., 15-12-1937).

Em relação à subvenção de companhias líricas, ficou deliberado que ela deveria ter continuidade, dando-se preferência a espetáculos de óperas nacionais e óperas estrangeiras traduzidas. Nessa mesma direção foram as considerações sobre os grandes espetáculos, que também deveriam ter continuidade. Sobre os concursos, que, segundo o relatório, tiveram pouco êxito, a opinião foi no sentido contrário: não se deveria repeti-los e sim efetuar encomenda direta a quem tivesse "justos títulos" de libretos, óperas, histórias do teatro e outros estudos.

Outras sugestões apresentadas pela Comissão foram a premiação de peças; a encomenda de textos a grandes escritores e de traduções de peças universais; a instituição de um concurso de cenários para a peça premiada; a concessão de duas bolsas para o melhor ator e a melhor atriz para estudos na Europa ou nos Estados Unidos; e o aluguel de um teatro para a companhia oficial de comédia. O relatório também indicava que o órgão deveria deliberar com maior frequência. Assim, foi estipulado um total de 120 sessões anuais e o orçamento foi aumentado.

A preocupação com a montagem de espetáculos de arte e a publicação de peças e de trabalhos ligados à cultura erudita (óperas, o teatro de Shakespeare, por exemplo) e crítica ao teatro tradicional realizado pelas companhias subvencionadas deixam evidente o caráter do teatro que deveria ser patrocinado oficialmente. Ao mesmo tempo, a cena consagrada nos palcos seria mantida, desde que fosse veículo de divulgação do teatro em todo o país. O que estava em jogo eram duas concepções distintas de fazer teatro: a tradicional, que obtinha sucesso, pois satisfazia o gosto do público; e outra, voltada para a "elevação" e, em certa medida, para a renovação, que era reclamada por parte da crítica.

Os planos e as realizações da Comissão de Teatro Nacional, apresentados neste capítulo, revelam a dimensão do projeto do governo em relação ao teatro, deixando à mostra como este manteve estreito contato com as discussões realizadas no meio. Várias das queixas do setor, como a falta de teatros e de uma escola e a necessidade de uma lei geral, foram acolhidas nos debates da Comissão. Também foram ressaltados, aqui, alguns pontos de encontro entre as diretrizes do governo e as demandas da área, como o projeto de construção de um teatro "elevado" a partir de ações de incentivo às produções de caráter mais erudito, e de busca por um teatro genuinamente nacional.

Verificou-se que a Comissão teve de se confrontar com inúmeras dificuldades, algumas de ordem financeira, pois as propostas apresentadas requeriam uma verba superior à disponível. No entanto, os obstáculos que se impuseram à almejada elevação do nível do teatro brasileiro não eram apenas econômicos, já que havia ainda a necessidade de remodelação da produção cênica e da própria esfera educacional, o que contribuiria para a formação do público.

Capítulo 4

O Serviço Nacional de Teatro

A organização do SNT

O início do Estado Novo coincidiu com a criação de um novo órgão dedicado ao teatro, o Serviço Nacional de Teatro (SNT). Nesse momento, outros órgãos foram estabelecidos, como o Instituto Nacional do Livro (INL), ou regulamentados, como o Serviço do Patrimônio Histórico e Artístico Nacional (Sphan), o que demonstra a especial atenção dada à cultura nesse período de reorganização do governo Vargas, que adentrava sua fase mais autoritária.

Em relação ao teatro, certamente o ministro Gustavo Capanema concordava com as conclusões expressas no relatório final da Comissão sobre as diretrizes de ação e o aumento de suas atividades. Contudo, optou pela instituição de uma nova entidade administrativa, de caráter permanente, como esclareceu em sua exposição de motivos:

A obra de desenvolvimento e aprimoramento do teatro nacional exige esforço continuado. Incentivos intermitentes e auxílios temporários não resolverão o assunto. [...]

Parece-me, porém, que a obra a ser executada está exigindo um órgão mais atuante, de funcionamento permanente, que possa superintender as realizações de toda a natureza em matéria de teatro [...].

[Capanema, 1937]

O Decreto-lei nº 92, de 21 de dezembro de 1937, que instituiu o SNT, trazia em seu artigo primeiro a concepção de teatro que deveria nortear a sua ação: "O teatro é considerado uma das expressões da cultura nacional, e a sua finalidade é, essencialmente, a elevação e a edificação espiritual do povo" (Brasil, 1937b:364).

As competências do SNT eram promover ou estimular a construção de teatros em todo o país; organizar ou amparar companhias de teatro declamatório, lírico, musicado e coreográfico; orientar e auxiliar a organização de grupos amadores de todos os gêneros nos estabelecimentos de ensino, nas fábricas, nos clubes e nas associações; incentivar o teatro para crianças e adolescentes dentro e fora das escolas; promover a seleção dos espíritos dotados de real vocação para o teatro, facilitando-lhes a educação profissional no país ou no exterior; estimular a produção de obras de teatro de todos os gêneros; fazer o inventário da produção brasileira e portuguesa, publicando as melhores obras existentes; providenciar a tradução e a publicação das grandes peças de teatro escritas em outros idiomas (Brasil, 1937b:364-365).

O SNT mantinha, portanto, alguns dos objetos que coube à Comissão estudar e implantar, mas entre a documentação pertencente a Capanema foi encontrado um projeto desse decreto-lei contendo um artigo a mais do que o texto sancionado. Vale a pena transcrevê-lo na íntegra:

Art. 4º – O regime dos teatros será, na forma do art. 26, nº XVIII, da Constituição, regulado em lei federal especial. Fica, porém, desde já, estabelecido o seguinte:

a) Os poderes públicos darão proteção ao teatro, para o fim de que este seja não apenas um meio de diversão, mas também um instrumento de educação popular.

b) Não será permitida a representação de nenhuma peça de teatro que atente, clara ou disfarçadamente, contra os princípios de ordem moral, política e econômica que presidem à organização do Estado brasileiro.

c) As obras estrangeiras de teatro, uma vez traduzidas em língua nacional e divulgada a tradução pelo Serviço Nacional de Teatro, só poderão ser representadas por companhia brasileira, segundo o texto traduzido.

d) [RISCADO] nenhuma obra teatral de autor brasileiro poderá ser representada em idioma estrangeiro, uma vez que haja, divulgada pelo Serviço Nacional de Teatro, a sua tradução em língua portuguesa.

e) As companhias brasileiras de teatro são obrigadas a organizar o seu elenco com 2/3 pelo menos de artistas brasileiros.

[Projeto..., 1937]

Nessa parte suprimida destacam-se a preocupação com o aspecto mais estritamente educativo e a presença de dois itens que estavam sob o âmbito de atuação da polícia e do Ministério do Trabalho e que depois foram, em parte, transferidos para o DIP: a censura e a obrigatoriedade de as companhias serem compostas por dois terços de artistas nacionais, pontos que imprimiriam uma característica distinta às atividades do SNT.

Limitado às questões de ordem artística e às relacionadas às condições do "fazer teatro", excetuando-se os aspectos trabalhistas, o estabelecimento do SNT provocou, tal como ocorrera quando da criação da Comissão, uma repercussão positiva na imprensa, entre os artistas e as entidades de classe. Mário Nunes, na coluna "Teatros" do *Jornal do Brasil*, manifestou sua expectativa, tratando de alertar sobre o trabalho "pesado e árduo" que o SNT teria de enfrentar, já que a proposta do governo visava atacar o que consistia em "um dos mais complexos problemas do Brasil". Para ele, a missão do novo órgão se constituiria, basicamente, em "educar o povo", e para isso deveria ser escolhido um diretor que conhecesse bem o assunto (Nunes, 1938:15).

A princípio, o ministro não encontrou ninguém para desempenhar a tarefa. Em junho de 1938, em carta enviada a Getúlio Vargas, Capanema relatou a dificuldade dessa busca, mencionando os nomes de dois indicados que haviam recusado o cargo: Abadie Faria Rosa e Oduvaldo Vianna. Além deles, Mário de Andrade foi convidado, mas igualmente declinou do convite. Em agosto de 1938, finalmente o diretor do órgão foi empossado: Abadie Faria Rosa aceitou o posto anteriormente recusado. O nome foi bem-recebido pelo setor, especialmente pela Sociedade Brasileira de Autores Teatrais (Sbat), organização da qual fora presidente. Em sua posse estiveram presentes representantes desta e de outras entidades, como a Casa dos Artistas e a Associação Brasileira de Críticos Teatrais (ABCT).

Alexandre Abadie Faria Rosa, nascido em Pelotas (RS) em 1889, era um nome reconhecido no meio teatral, embora sua

A política dos palcos

influência não ultrapassasse os limites desse campo. Dramaturgo, crítico, presidente da Sbat em quatro ocasiões, sua posição de destaque também pode ser avaliada pela presença
de seu nome nas convocações da própria classe ou do governo para discussões relativas à área. Além desse capital social
e cultural acumulado em suas atividades ligadas ao teatro,
Abadie era funcionário público, tendo exercido o cargo de
oficial do Ministério da Justiça e Negócios Interiores por quase 10 anos, o que pode ter facilitado sua indicação.

Ainda nos primeiros meses de sua gestão, Abadie organizou
um grandioso plano quinquenal (1939-1943), em que propôs
reorganizar o meio teatral brasileiro a partir do levantamento
do nível "do nosso paupérrimo teatro" (Rosa, 15-10-1938).
Incremento que teria duas preocupações: atentar para os aspectos da vida e do trabalho dos profissionais teatrais sem
relegar a um segundo plano a parte artística do problema.

Embora não houvesse nenhum projeto estético nítido em
seu plano, nem em seus pareceres, relatórios etc., nem tampouco a menção a nomes estrangeiros ou nacionais que pudessem servir de referência, Abadie tinha uma ideia fixa:
elevar o teatro nacional estimulando um repertório mais "sério". Sendo sua produção dramatúrgica marcada por comédias ligeiras que satisfaziam o gosto do público e o bolso dos
empresários, Abadie sabia que a tarefa seria difícil. Mesmo
assim, acreditava que poderia incentivar essa elevação do teatro com a criação de critérios para a escolha de companhias
a serem subvencionadas, a concessão de prêmios e a organização de uma escola para o aprimoramento dos atores.

Outro ponto relevante na documentação deixada pelo SNT
é a ausência de menção aos trabalhos da Comissão de Teatro
Nacional. Em nenhum momento Abadie Faria Rosa concebeu a

ação do SNT como consequência das formulações empreendidas pelo órgão antecessor. Fato que talvez represente uma tentativa de demarcar uma ruptura, ainda que o SNT tenha dado, de certa maneira, continuidade a muitas das iniciativas da Comissão.

Para o ano de 1939, o plano propôs amparo a seis companhias, entre as quais as duas melhores – uma de teatro declamado, outra de musicado – seriam escolhidas para futuras temporadas oficiais. Outras medidas previstas eram auxílios a excursões, concessão de prêmios para a arte lírica nacional, amparo ao teatro amador e ao infantil, criação de uma escola de caráter prático e organização do radioteatro, destinado a "difundir pelos recantos mais afastados do território nacional todo o repertório do teatro brasileiro, todos os êxitos das nossas casas de espetáculos" (Rosa,15-10-1938).

Com esse último projeto e a promoção de excursões, Abadie enfrentava a questão dos limites de atuação do órgão, que se restringiria à cidade do Rio de Janeiro. Portanto, seria com a utilização de um recente meio de comunicação – o rádio – e de auxílios para transporte que a política pública para o teatro alcançaria dimensão nacional. Para dar cabo de todas essas medidas, o diretor do SNT requeria uma verba de 2 mil contos, cuja justificativa baseava-se nos ideais de formação e defesa da unidade nacional, caros ao Estado Novo:

> Tendo em vista, porém, o serviço que o teatro, por pobre que seja, pode prestar à formação e defesa da unidade nacional, numa terra onde o cinema, todo ele de caráter internacional, está adulterando, como principal diversão pública que é, as tendências tradicionais da educação brasileira no lar e na sociedade, não resta dúvida que se trata de um sacrifício aconselhável.
>
> [Rosa, 15-10-1938]

A política dos palcos

Para o ano de 1940, as propostas eram oficializar uma companhia de teatro e construir um "Teatro do Povo" no bairro de Madureira, subúrbio carioca. No ano seguinte, seria oficializado um elenco musicado, iniciado um trabalho de orientação dos grupos amadores e efetivada a experiência do radioteatro. Em 1942, foi criado o Conservatório Dramático Municipal, com a fusão da Escola Prática do SNT e da Escola Dramática Municipal, e organizadas as temporadas de espetáculos líricos e coreográficos do Teatro Municipal. E, para 1943, estavam previstos a instituição de uma companhia de teatro lírico-coreográfico, o estabelecimento de prêmios para atores, autores e outros profissionais do setor e o início de um estudo para a construção de um grande prédio destinado à instalação do SNT, que também abrigaria as sedes de, entre outras entidades, Associação de Artistas Brasileiros, Casa dos Artistas, Sbat, ABCT e Associação Mantenedora do Teatro Nacional.

Em 1939 o SNT começou a se organizar administrativamente com a contratação de novos funcionários. Tal como ocorrera com a Comissão, personagens do meio teatral foram convocados para ocupar cargos no novo órgão. Na secretaria, junto com Abadie, passaram a trabalhar os dramaturgos Gastão Tojeiro e José Wanderley. Como fiscais, o crítico e empresário Serra Pinto e o escritor e empresário João do Rego Barros. Já o Curso Prático contava com o dramaturgo e crítico Benjamin Lima, os atores Chaves Florence e Lucília Peres, o teatrólogo Otávio Rangel, a bailarina Eros Volúsia e o crítico Mário Hora. Jayme Costa foi chamado para ser professor da arte de caracterizar, mas desistiu da função depois de ter sua companhia selecionada para receber subvenção (Serviço..., 1939:15).

Percebe-se no SNT a presença predominante de dramaturgos, todos dedicados aos gêneros de maior apelo comercial, incluindo revistas. Eram profissionais distantes do teatro "sério" ou "de arte" que o SNT pretendia fomentar, em primeiro lugar. Gastão Tojeiro, por exemplo, era um nome de enorme sucesso desde o início do século. José Wanderley havia estreado mais recentemente, mas já despontava como autor de comédias de estilo tradicional. Serra Pinto e Rego Barros eram ou haviam sido empresários, ou seja, conheciam em profundidade as dificuldades da vida teatral.

O vínculo com a Sbat é outra característica marcante. Gastão Tojeiro e José Wanderley assumiram cargos na direção dessa entidade quando trabalhavam no SNT. A Casa dos Artistas tinha, como representante, Chaves Florence, membro da diretoria da entidade durante o período em que ocupou cargo no Curso Prático.

As principais atividades entre 1939 e 1945

O ano de 1939 começou com a busca por teatros que pudessem abrigar as companhias subvencionadas. Inicialmente foi tentado o Carlos Gomes, depois o Fênix. Abadie Faria Rosa chegou a um acordo com proprietários de cinemas, que puseram quatro casas de espetáculos dos subúrbios do Rio de Janeiro à disposição do SNT (Processo nº 59/39; Rosa, 1939b). Com relação a essa questão, cumpre notar que, apesar de privilegiar a capital federal, o diretor do SNT tentou que algumas medidas ganhassem projeção nacional. Assim, pediu que Capanema interferisse perante os interventores dos estados para que fosse tornada obrigatória a cessão, para companhias em excursão, dos teatros municipais que funcionavam como cinema (Rosa, 13-4-1939).

Abadie também buscou afastar os artistas estrangeiros dos poucos teatros existentes, elaborando um projeto de decreto-lei que regulava as excursões teatrais pelo país, reservando a melhor época do ano para as companhias nacionais. Segundo ele, a finalidade dessa lei enquadrava-se no espírito do Estado Novo, "que está criando um Brasil brasileiro sem o menor desrespeito pelos direitos dos elementos internacionais" (Rosa, 14-1-1939). Contudo, nem esse decreto, nem a tentativa de aquisição de teatros, nem a iniciativa de impedir a transformação das casas de espetáculos em cinemas se tornaram realidade, e o problema da falta de teatro permaneceu.

A primeira grande ação do SNT foi o lançamento de um edital abrindo concorrência para a subvenção de oito companhias (assunto abordado em detalhes no capítulo seguinte). Além disso, vários outros auxílios foram concedidos de 1939 a 1945, o que fez dessa ação a mais marcante do órgão. Alguns auxílios destinavam-se a itens específicos, como o teatro infantil. Nesse caso, o amparo realizou-se por meio de acordo com a ABCT, que ficou responsável por promover tais espetáculos. Dando continuidade às iniciativas realizadas com êxito pela Comissão, o SNT patrocinou vários grupos amadores. Entre eles, os formados por estudantes foram os mais contemplados, como o Teatro Universitário e o Teatro do Estudante do Brasil. Em termos de grande espetáculo foi realizada, com um elenco especial, a representação de *Guerras do alecrim e da manjerona*, em comemoração ao segundo centenário de morte do dramaturgo Antônio José, o Judeu, nos moldes de outras homenagens a vultos nacionais patrocinadas pelo Ministério da Educação e Saúde no período. O espetáculo foi seguido da irradiação da peça *O anfitrião*, pela Rádio Nacional, e de uma conferência realizada por Carlos

Süssekind de Mendonça, além do lançamento de publicação, com 3 mil exemplares, das duas peças (Rosa, s.d.).

O SNT ainda amparou uma temporada lírica no Teatro Municipal do Rio de Janeiro; imprimiu a peça *Carlota Joaquina*, de Raimundo Magalhães Júnior; e concedeu prêmios para as peças que tiveram um grande número de representações, além de receita superior às despesas: a citada *Carlota Joaquina*; *Maluco nº 4*, de Armando Gonzaga; e *Aleluia*, de Gilda Abreu – todas montadas pelas companhias vencedoras do edital (As peças..., 1939:11).

Mas a maior e mais esperada realização de 1939 foi a instalação do Curso Prático de Teatro. Segundo o Regimento das Aulas, de 20 de julho desse ano, a razão de sua criação foi a paralisação da Escola Dramática Municipal, também criticada por seu conteúdo demasiado teórico "para poder renovar e nacionalizar os nossos quadros de intérpretes, renovando-os e nacionalizando-os rapidamente como se impõe o momento" (Castanheira, 2003, v.1:73). Ao contrário, e como ficava explícito no nome, o curso do SNT teria caráter integralmente prático e todos os ensinamentos seriam ministrados no próprio palco.

De acordo com um projeto de portaria de 1939, o curso dividia-se em duas turmas: uma de bailados e outra de arte de representar, e as disciplinas do curso eram: ginástica e dança; dicção; interpretação; música; evolução do drama; maquiagem e caracterização; e história das artes plásticas. O interessado em matricular-se deveria ter concluído o ensino secundário ou estar cursando a última série ginasial, além de ser aprovado em exame vocacional para a arte dramática ou no curso prévio de interpretação mantido pelo SNT. O projeto também previa a inclusão dos quatro primeiros classificados nos exames finais no elenco das companhias subvencionadas (Castanheira, 2003, v.2:143).

A repercussão das iniciativas realizadas nesse ano foi negativa. Mário Nunes fez várias críticas em sua coluna no *Jornal do Brasil*, ressalvando apenas a criação do Curso Prático. Opiniões semelhantes foram dadas por Eduardo Vitorino e Álvaro Pires no *Anuário da Casa dos Artistas*. O primeiro foi categórico: "O plano de patrocínio a diversas companhias [...] não contribuirá para o alevantamento da cena nacional" (Nunes, 1939:15; Vitorino, 1939).

Em 1940, a verba do SNT foi reduzida e Abadie cortou alguns itens, como o patrocínio ao teatro lírico e a premiação das peças mais encenadas. Mesmo assim, persistiu com a ideia de criação de uma companhia oficial, nem que esta fosse apenas um embrião de um elenco a ser instituído no ano seguinte. Outra mudança importante nas diretrizes do órgão, atendendo a uma sugestão do ministro, foi a eliminação da subvenção a empresários. A partir desse ano, o governo ficava encarregado apenas do fornecimento de teatros por meio do pagamento de aluguel, desde que as companhias que os ocupassem possuíssem, segundo Abadie Faria Rosa, "finalidade artística teatral". Ou seja, ficavam excluídos "os elencos de revista e outras peças que escapem à exata expressão do que seja a tragédia, o drama, a comédia, a ópera e a nossa burleta, esta quando ornada de partitura original" (Rosa, 1940).

A verba relativa a 1940 era inferior ao valor requisitado pelo diretor do SNT, que expressou reiteradamente as dificuldades em ajustar seus projetos a essa quantia. Tal insistência resultou em um pedido de aumento feito por Capanema ao presidente da República, que dobrou o valor do orçamento. Na exposição de motivos que seguiu o pedido, o ministro chamou a atenção para a necessidade de uma lei geral do teatro. Porém, segundo ele, antes de promover uma reorganização ampla, era preciso atender às demandas atuais e urgentes, iniciando "uma série de empreendimentos de vulto que marcarão a inauguração de fase nova, de maior eficiência da proteção dada pelo governo ao teatro" (Capanema, 1940).

O novo plano, ao que parece estabelecido pelo próprio Capanema, determinava a manutenção de duas companhias oficiais e dotações específicas para o pagamento de aluguel, transporte, despesas com o teatro lírico, montagens especiais de peças de caráter histórico e educativo e apoio aos amadores. Outra medida deliberada pelo ministro foi a de que todas as companhias subvencionadas deveriam trazer em seus anúncios a seguinte informação: "Esta companhia funciona com o auxílio e sob o controle do Serviço Nacional de Teatro do Ministério da Educação" (Processo nº 27.217/40).

A primeira companhia oficial a ser criada foi a Comédia Brasileira, instituída em 25 de maio de 1940 por um contrato entre o SNT e Álvaro Pires, no qual o órgão se comprometia a fornecer um auxílio de 300 contos, além de pagar a luz e o aluguel do teatro (Michalski, Trotta, 1982:17,27). A companhia contava com atores conhecidos, entre os quais Lucília Peres, na época professora do Curso Prático, Rodolfo Mayer, Suzana Negri, Palmerim Silva, Lígia Sarmento, Ferreira Maya. Encenou peças que se encaixavam em um modelo considerado o mais adequado ao patrocínio oficial, conformado à política para a cultura estabelecida durante o Estado Novo, evocando episódios históricos e reforçando as características da brasilidade, como *Caxias*, de Carlos Cavaco, *Guerras do alecrim e da manjerona*, de Antônio José, o Judeu, e *O caçador de esmeraldas*, de Viriato Corrêa (Michalski, Trotta, 1982:31).

Além da Comédia Brasileira, foi subvencionada com a quantia de 600 contos a Companhia Nacional de Operetas, um elenco de teatro musicado cujo empresário era Olavo de Barros, antigo membro da Comissão de Teatro Nacional. Essa companhia incorporou alguns alunos do Curso Prático na única representação que realizou, a da opereta *Minas de prata*, baseada em romance homônimo de José de Alencar e que trazia à cena elementos da história nacional caros ao regime.

A experiência de oficialização sofreu, no entanto, uma parada abrupta. Em outubro, Abadie comunicou a Álvaro Pires que a verba destinada à Comédia Brasileira estava se esgotando e que seria necessário rescindir o contrato, o que foi feito em novembro, um mês e meio antes de seu vencimento (Michalski, Trotta, 1982:17). O mesmo ocorreu com a Companhia Nacional de Operetas. Tal situação gerou vivos protestos da Casa dos Artistas, que saiu em defesa dos profissionais contratados pelas duas companhias, posicionando-se contra o SNT.

Mas, para além das controvérsias que cercaram a primeira tentativa de oficialização de companhias teatrais no país, outras questões encontraram espaço na pauta de preocupações do órgão. O tema da obtenção de casas de espetáculos voltou à baila, com a redação de um projeto de decreto-lei, não sancionado, que autorizava o Ministério da Educação e Saúde a requisitar os teatros do Distrito Federal, que seriam cedidos a companhias organizadas ou amparadas pelo SNT mediante o pagamento de seus respectivos aluguéis (Projeto..., 1940).

O teatro lírico foi contemplado com pequenos auxílios e o patrocínio da temporada promovida pelo tenor Reis e Silva no Teatro Municipal. O cantor levou aos palcos três partituras de Carlos Gomes: *O guarani* (em português), *Lo schiavo* e *Fosca* (Rosa, s.d.).

Ainda em 1940, o SNT beneficiou vários eventos em comemoração aos 10 anos da Revolução de 1930 e do governo Vargas, cujo objetivo, conforme reforçou Abadie Faria Rosa, era "proporcionar ao público, por preços mais convidativos, espetáculos de acentuado espírito de brasilidade" (Processo nº 35.501/40). Receberam auxílio também, além das óperas de Carlos Gomes, a representação da opereta *Minas de prata*, pela Companhia Nacional de Operetas; de *O caçador de esmeraldas*, montada pela Comédia Brasileira; e de *Sangue gaúcho*, peça de Abadie que seria montada pela companhia de Darci Cazarré, mas que provavelmente não foi levada à cena.

No final do ano, Mário Nunes publicou uma série de artigos criticando com agressividade a ação do SNT, em especial a distribuição de auxílios a companhias, a despreocupação com seus repertórios e o aumento dos valores dos aluguéis de teatros depois que o órgão passou a fornecê-los. E ia além, ao analisar as poucas realizações do SNT, tendo em vista cada item do Decreto-lei nº 92, que o instituiu:

Dizia-se nos "ominosos tempos" da República Velha que as leis se faziam para não serem cumpridas, e as havia numerosas e excelentes. Esse foi um dos erros que o Estado Novo veio corrigir. Não pode o dr. Gustavo Capanema, ministro da Educação, cruzar os braços diante dessa burla, que irá custar ao país, no próximo ano, mais 3 ou 4 mil contos. É de crer que intervenha com o peso de sua autoridade e clara visão de sua lúcida inteligência para que os belos propósitos do governo Getúlio Vargas, fecundo e realizador, não sejam iludidos nesse importante setor da vida cultural no Brasil.

[Nunes, 1939:11]

A repercussão negativa e as polêmicas levantadas certamente contribuíram para a redução da verba do órgão em 1941, também atribuída ao clima instalado no mundo todo com a eclosão da Segunda Guerra. Desse modo, Abadie manteve, em seu plano, apenas uma companhia oficial, a Comédia Brasileira. Contudo, para driblar a falta de sucesso de público, o diretor do SNT alterou suas diretrizes: a companhia passaria a ter repertório menos pesado, com "obras de transição entre o teatro-passatempo e o teatro-cultural", a fim de despertar o interesse da plateia (Processo nº 6.307/41).

Reorganizada em novas bases e optando pelo regime de sociedade civil, a Comédia Brasileira duraria seis meses, renováveis com a concordância de seus societários e do diretor do SNT. Os termos da subvenção eram praticamente os mesmos do ano anterior, mas os estatutos continham um item específico relacionado à seleção do repertório, que deveria ser constituído por originais brasileiros e traduções de autores estrangeiros compatíveis com as tradições de uma organização do Teatro Nacional. Ficava definido, ainda, que o SNT controlaria diretamente todos os ramos de atividade da Comédia Brasileira, com exceção das responsabilidades comerciais.

No plano de 1941 também foram estabelecidos prêmios para peças que atingissem 45 dias consecutivos de representação; continuidade do pagamento das despesas com transporte de material e pessoal nas excursões das companhias; auxílio a montagens de ambientes especializados ou de interiores luxuosos; amparo ao teatro infantil e ao amador. Em relação ao teatro lírico, foram auxiliadas as montagens de duas óperas brasileiras: *Malasarte*, de Oscar Lorenzo de Fernandez, e *Tiradentes*, de Eleazar de Carvalho. Nesse ano, o SNT também publicou a peça *Tiradentes*, de Viriato Corrêa (Processo nº 6.307/41).

Os prêmios para as peças mais encenadas foram concedidos a: *A pensão de D. Estela*, de Gastão Barroso (Companhia Jayme Costa); *A cigana me enganou*, de Paulo de Magalhães (Companhia Procópio Ferreira); e *O ébrio*, de Vicente Celestino (Companhia Vicente Celestino). A escolha, que teve como critério o gosto do público, levou Abadie a refletir:

> Não seria indicado insistir em processo tão liberal, mas em nada justiceiro, uma vez que trabalhos sem finalidades outras que a de fazer rir possam ser galardoados, como o foram, em desproveito de obras capazes de se imporem, sobretudo por seu cunho artístico ou cívico ou instrutivo.

> [Rosa, 1942]

Mas, apesar de "liberal", a premiação não contemplou o gênero revista. Ausência de "entrecho" foi a justificativa da exclusão, dada aos artistas da Companhia Alda Garrido, que reclamaram o prêmio para *Brasil pandeiro*, de Freire Júnior e Luís Peixoto. Depois de um primeiro parecer de Gastão Tojeiro, que considerou a impossibilidade de classificar a revista como peça teatral propriamente dita, Abadie defendeu a posição do SNT, reiterando que "a revista pode ser diversão pública, mas não é teatro na sua finalidade exata" (Processo s.n., 1941).

No entanto, embora excluída da concessão de prêmios, a Companhia Alda Garrido contou com patrocínio oficial para excursões, tais como outros grupos dedicados aos gêneros cômicos e musicados, como o do Recreio (Walter Pinto) e o de Jardel Jércolis. Percebe-se, assim, que os critérios adotados na concessão de amparo e de prêmios, embasados em pareceres e relatórios, não eram tão nítidos na seleção de auxílios, pois amparavam as montagens que se destinavam à realização de um teatro mais "elevado" ou com fins "nacionalistas", mas também outros, justificados por garantir condições de trabalho aos artistas.

O relatório das atividades de 1941 destaca a ideia de valorização das iniciativas que seguiam esse primeiro eixo de atuação:

> Não houve, aliás, até agora, uma só representação, por profissionais ou amadores, de obras clássicas; não houve uma só récita com Shakespeare ou Goldoni, com trabalhos do nosso teatro retrospectivo, incluindo Macedo, França Júnior, Martins Pena, Moreira Sampaio, Artur Azevedo, Coelho Neto, Paulo Gonçalves, entre outros, sem o amparo oficial; não tivemos um só espetáculo de ambiente histórico e mesmo peça estrangeira de *avant-garde*, cuja realização fosse privada do auxílio do SNT. Todo esse movimento de teatro elevado, de teatro cultural, de teatro renovador, tão proclamado pelos seus realizadores, tão destacado pelos inovadores e propagadores de um teatro novo não teria sido concretizado em realidade, se não fora a ação larga, profícua e generosa do novo órgão do Ministério da Educação e Saúde.
>
> Essa é que é a verdade.
>
> [Rosa, 1942]

Em 1942, o SNT teve sua verba reduzida, decisão mais uma vez atribuída à guerra na Europa. Tal situação se agravaria ao longo do ano, especialmente após o torpedeamento de navios brasileiros por submarinos alemães e a posterior formalização do estado de guerra no Brasil. Segundo Abadie, a falta de gasolina em todo o país provocara crise nos transportes, dificultando a excursão das companhias teatrais. Em setembro, uma reunião no ministério com o fim de organizar atividades ligadas ao assunto previu até a redução do pessoal administrativo e o cancelamento de alguns trabalhos do órgão (Rosa, 1943; Processo nº 106/42).

Outra consequência dessa conjuntura foi a missão de auxiliar o DIP na disseminação da propaganda relacionada à entrada do Brasil na guerra. Em novembro, Capanema enviou uma carta a Abadie determinando o patrocínio de peças adequadas a esse propósito e a organização de representações para os soldados mobilizados. Em resposta, Abadie comunicou que já havia feito contato com alguns empresários, o que teria possibilitado que fossem amparados os seguintes espetáculos de conteúdo propagandístico, seja apoiando o Brasil, seja atacando seus inimigos: *Emboscada nazista*, realizado pela companhia de Jayme Costa; *Nazismo sem máscara*, montado pela Companhia Eva Todor; e *Galinha verde*, levado aos palcos pela Companhia de Teatro Cômico (Processo nº 67.730/42).

A verba para a realização de tais montagens foi retirada da dotação prevista para os prêmios porque, segundo Abadie, nenhuma das peças de sucesso de público apresentadas naquele ano haviam se enquadrado nas finalidades "literárias, cívicas, históricas, sociais, ou mesmo de caráter regionalista". As únicas que poderiam ser cogitadas eram *O homem que não soube amar*, de Ferreira Rodrigues, e *A revelação*, de Heitor Modesto, ambas encenadas pela Comédia Brasileira, além de *Ombros, armas*, de sua autoria. Mas premiá-las seria "determinar um escarcéu" (Rosa, 1943).

Abadie sabia bem do que estava falando, pois, em 1940, o escritor Raimundo Magalhães Júnior escrevera ao ministro, ao presidente da República e ao Departamento Administrativo do Serviço Público (Dasp) denunciando-o por abuso de poder e violação do Estatuto dos Funcionários Públicos, devido à inclusão de sua peça, *Suicídio de amor*, no repertório da Companhia Procópio Ferreira, que recebera alguns auxílios naquele ano. Magalhães pediu o afastamento do diretor do SNT. O processo foi analisado e Abadie teve de se explicar, negando qualquer interferência na seleção do repertório das companhias e afirmando que a autorização para a encenação de peças era dada pela Sbat, muitas vezes sem o conhecimento prévio dos autores (Processo nº 21.173/40).

Em 1942, a Comédia Brasileira prosseguiu com suas realizações, com destaque para a encenação de *A Dama das Camélias*, de Alexandre Dumas Filho, junto com o texto *A mulher sem pecado*, de um então novo autor, Nelson Rodrigues, definido por Abadie como "um trabalho que honra a cena moderna de qualquer país" (Processo nº 60.710/42).

O ano de 1943 começou com novas polêmicas, decorrentes do atraso na execução do plano elaborado por Abadie Faria Rosa e da inclusão de concessões feitas por Capanema sem parecer do SNT. O ministro dirigiu dotações de grande vulto para o Teatro Universitário e para a Companhia Dulcina-Odilon. Esta, junto com o Teatro do Estudante do Brasil, propunha uma série de espetáculos a serem realizados no Teatro Municipal. Em sua justificativa, o ministro apelava para a "qualidade dos planos traçados que visam desenvolver, entre nós, o bom teatro, seja com elementos profissionais, seja com amadores de nossas escolas superiores" (Processo s.n., de 1943). Além desses grupos, Capanema determinou amparo a Os Comediantes e a concessão de auxílio a Renato Viana.

Tais decisões geraram revolta em grande parte do setor teatral. Segundo Victor Hugo Adler Pereira, Abadie Faria Rosa divulgou, na coluna teatral do *Diário de Notícias*, uma justificativa intitulada "Tempestade em copo d'água", na qual deixou claro que as ações do ministro contrariavam tanto as demandas da classe teatral quanto o seu planejamento, eximindo-se, portanto, de responsabilidade pelo descontentamento generalizado (Pereira, 2001:73).

A escolha desses grupos profissionais e amadores, cujas experiências revelavam, em graus distintos, uma preocupação com a "elevação" do teatro brasileiro, alguns contribuindo com técnicas consideradas modernas, evidencia a importância dada por Capanema ao teatro "de arte", para o qual passou a direcionar parte da dotação prevista para cada ano. Outro motivo que pode ter provocado a atitude do ministro e que acabou por desautorizar o diretor do órgão foi o número de críticas divulgadas pela imprensa, ou que chegavam a ele ou a Vargas por correspondência.

No relatório das atividades, Abadie mencionou os espetáculos desses grupos. Ressaltou a qualidade de algumas representações, como *Vestido de noiva*, de Nelson Rodrigues, realizada por Os Comediantes. Atacou outros pontos, como as mudanças operadas no repertório do grupo Teatro Universitário, que substituiu peças consagradas por comédias "cuja única finalidade era divertir". E, criticou, sobretudo, o descumprimento do plano integral proposto por Os Comediantes, que montou apenas quatro das oito encenações previstas (Rosa, 1944).

Em meio aos conflitos, Capanema criou, em 6 de julho de 1943, por portaria, a Comissão Técnica Consultiva. A finalidade desta seria estudar anualmente o plano de proteção e de desenvolvimento do teatro, que caberia ao SNT executar, e

A política dos palcos 99

atender a consultas feitas pelo ministro da Educação e Saúde sobre assuntos diversos (Portaria..., 1943). A Comissão era composta pelo diretor do SNT, Abadie Faria Rosa, na função de presidente, Celso Kelly, Oscar Lorenzo de Fernandez, Olavo de Barros e Aníbal Monteiro Machado. Kelly, Fernandez e Barros já tinham experiência no assunto, pois haviam sido membros da Comissão de Teatro Nacional. Aníbal era um intelectual bastante conhecido e fora um dos fundadores de Os Comediantes.

Logo que assumiram suas atividades, os membros da Comissão trataram de organizar um plano para o ano de 1944, cujos pressupostos levavam em conta a ineficiência do órgão frente ao objetivo de "reerguimento" do teatro nacional. O SNT era criticado até mesmo por patrocinar a montagem de peças nacionalistas, que "têm amortecido o interesse das plateias e limitado bastante a liberdade indispensável à criação artística" (Primeiras notas..., 1943).

A primeira linha de atuação proposta foi a valorização do teatro, com medidas de estímulo ao público, aos artistas e ao teatro infantil; a criação de uma cadeira de Teatro na Faculdade Nacional de Filosofia; a utilização do teatro para o aprendizado de línguas nas escolas; a instituição de prêmios para literatura dramática, música de ópera, balé, interpretação teatral etc.; a revisão da legislação; a organização anual de uma grande exposição chamada Salão Nacional de Teatro; a manutenção de uma revista sobre o assunto; e a organização de um arquivo com peças nacionais e traduzidas, a serem distribuídas a todas as bibliotecas públicas e particulares, grupos teatrais e instituições culturais.

A segunda linha visava à introdução de novos elementos: a realização de um curso de emergência para preparar ensaiadores e diretores; a contratação de técnicos de direção e montagem estrangeiros para ministrarem cursos no Brasil; o estímulo ao teatro amador e escolar; a instituição de uma divisão de apoio a amadores; e a realização de um teatro experimental.

A terceira e última linha tinha como objetivo aperfeiçoar a Comédia Brasileira, com a inclusão de preceitos de direção e disciplina técnica.

Nota-se que o plano da Comissão Técnica Consultiva continha questões que até então não eram consideradas entre as iniciativas oficiais, nem mesmo entre as reivindicações de classe. Além da exclusão da opereta nos patrocínios, da própria concepção de que o teatro de revista não era teatro, mas seu concorrente, e de todas as propostas já conhecidas (escola, prêmios etc.), percebe-se a presença de itens interessantes, como um curso para a preparação de ensaiadores e diretores, incluindo a contratação de técnicos estrangeiros.

A proposta orçamentária formulada pela Comissão contemplava a companhia oficial com um valor mais alto do que o habitual; também o Curso Prático teve sua verba ampliada, nesse caso para um valor quatro vezes maior. Ficaram cobertos ainda a realização de uma temporada oficial e o amparo ao amadorismo, ao teatro-radiofônico, ao teatro infantil e ao "teatro experimental". No entanto, tal plano não foi posto em prática, pois a Comissão teve vida curta. Em março de 1944 Capanema determinou a concessão de auxílios significativos para a Companhia Dulcina-Odilon e para Renato Viana sem consultá-la, levando seus membros a apresentarem demissão coletiva (A aplicação..., 1944:8).

Restou a Abadie gerenciar as orientações do programa da extinta Comissão, junto com as determinações de Capanema, sem deixar de tecer críticas aos grupos subvencionados por ordem direta do ministro, voltando a atacar o descumprimento das encenações propostas e a ausência de comprovação dos gastos realizados por Os Comediantes no ano anterior.

O ano de 1945 começou com uma triste fatalidade: a morte de Abadie Faria Rosa, em 10 de janeiro. Exerceram interinamente o cargo de diretor os oficiais administrativos do Ministério da Educação e Saúde César Prevost Romero e João Batista Massot, cunhado de Gustavo Capanema. Em março, Massot entregou um plano ao ministro, contendo medidas que visavam dotar o órgão de um poder de decisão maior e mais ágil. Suas sugestões, apresentadas em 29 itens, tinham como objetivo resolver a falta de casas de espetáculos, o que incluía a transformação de cinemas em teatros; promover a concessão de auxílios; buscar a colaboração das empresas de transporte, para agilizar a excursão das companhias; organizar um registro dos profissionais do teatro; criar uma Escola de Teatro; abrir um edital de concorrência para a subvenção de companhias de comédia, opereta e drama; criar o Teatro da Criança; conceder prêmios; estudar projetos de lei voltados para a concessão de isenções para a construção de teatros, para a abolição dos impostos e para a regulamentação da censura, entre outros pontos (Processo nº 96.834/45).

Apesar da operosidade de Massot, não houve mudanças imediatas nem um plano para as atividades relativas ao ano de 1945.

Capítulo 5

**A participação do setor teatral:
as subvenções e as críticas ao SNT**

As subvenções: um palco para as polêmicas

Conforme constatado no capítulo anterior, a concessão de auxílios se consolidou como a prática mais marcante do Serviço Nacional de Teatro (SNT), mesmo depois de o órgão ter criado um curso e instituído a sua companhia oficial. Em 1938, as subvenções contemplaram grupos de diversas modalidades, como o Teatro do Estudante do Brasil, que montou *Romeu e Julieta*, de Shakespeare, um dos primeiros espetáculos realizados no Brasil a partir de preceitos de encenação modernos; a companhia lírica Sociedade Anônima Teatro Brasileiro; a Companhia de Operetas dos Irmãos Celestino; a companhia de Palmerim Silva; e o ator Renato Viana, que passava por dificuldades financeiras (Rosa, 8-12-1938).

Em janeiro de 1939 foi organizado um edital de concurso, semelhante ao de 1937, para a subvenção de oito companhias, sendo três vagas reservadas às que se dedicavam ao teatro musicado ligeiro. A subvenção cobriria uma temporada de oito meses, quatro no Rio de Janeiro ou em São Paulo e o restante em excursão pelo país. Os auxílios fixados incluíam pagamento mensal de: uma quinzena dos ordenados até o limite de 20 contos para o teatro musicado, e de 15 para o de declamação; direitos autorais; diárias das orquestras do teatro musicado e dos sextetos obrigatórios nas companhias de teatro de declamação; passagens e transporte de material durante as excursões. O edital também determinava que a companhia que tivesse lucros acima de 20 contos de réis líquidos por mês repartiria o excedente entre os contratados. E havia, ainda, a previsão de prêmios para os originais brasileiros inéditos apresentados com médias de lucro superiores às despesas totais dos espetáculos e para as peças que atingissem o maior número de apresentações (Processo nº 3.806/39).

Das companhias selecionadas, duas seriam destacadas a fim de servirem de estudo para a sua oficialização, cujos critérios de escolha levariam em conta a superioridade do elenco e do repertório, bem como o número de intérpretes brasileiros natos. Os repertórios deveriam privilegiar textos brasileiros: a cada três originais nacionais inéditos obrigatórios corresponderiam três peças facultativas, sendo a primeira uma reprise de obra brasileira, e as outras duas, adaptações de peças estrangeiras traduzidas por autores brasileiros, todas aprovadas pelo SNT. O órgão também se responsabilizaria pela fiscalização do movimento da bilheteria.

Para realizar a seleção foi convocada uma comissão presidida por Abadie Faria Rosa, formada por: Ferreira Maya, Paulo de Magalhães, Bandeira Duarte, Álvaro Moreyra e José Siqueira, que representavam, respectivamente, Casa dos Artistas, Sociedade Brasileira de Autores Teatrais (Sbat), Associação Brasileira de Críticos Teatrais (ABCT), Associação Mantenedora do Teatro Nacional e Centro Musical (A Comissão..., 1939:11).

O resultado foi divulgado em abril. Sete companhias se classificaram: a Companhia da Casa dos Artistas; a de Delorges Caminha; a de Jayme Costa; a de Renato Viana; a Companhia Brasileira de Operetas Irmãos Celestino e Gilda de Abreu; o Teatro Musicado Luiz Iglézias-Freire Júnior; e a companhia de Jardel Jércolis. Como se pode notar, a escolha acabou por contemplar o teatro predominantemente comercial, além de incluir entre as escolhidas o teatro de revista. Mesmo assim, algumas companhias apresentaram preocupação com a qualidade do repertório, caso do grupo de Renato Viana e do organizada pela Casa dos Artistas, que adotaram autores como Ibsen, Molière e José de Alencar, além de peças com temáticas históricas que, certamente, contribuíram para a sua seleção.

As argumentações dos concorrentes assemelham-se às encontradas na documentação proveniente da Comissão de Teatro Nacional. E todas as companhias escolhidas tiveram suas aplicações e rendimentos controlados pelos fiscais do SNT, que elaboravam constantes e pormenorizados relatórios. Mas muitas companhias não ficaram satisfeitas com o valor da subvenção obtida por meio do edital, formulando, por isso, novos pedidos para o órgão, o ministro ou o presidente da República e sendo atendidas em suas solicitações, na maioria das vezes. Uma delas foi a companhia de Jayme Costa, que, em abril, pediu verba para a montagem de *Carlota Joaquina*, sob o pretexto do "valor da obra histórica, verdadeiro Teatro Educativo, que, pelas suas características de época, exige despesas avultadíssimas de encenação, só praticáveis com a ação direta do governo do custeio das mesmas" (Processo nº 76/39).

O pedido recebeu o apoio de Abadie e foi autorizado por Vargas. No entanto, três meses depois, Jayme Costa, junto com o autor da peça, Raimundo Magalhães Júnior, escreveu a Vargas e Capanema solicitando apoio para uma nova proposta: a realização de cinco vesperais "para a mocidade estudiosa dos estabelecimentos oficiais", "que valerão como curso vivo de ensino de história pátria sobre a época em que se definiu a nacionalidade brasileira e foram lançadas as bases do edifício da nação que é hoje o Brasil" (Processo nº 22.151/39).

Delorges Caminha dirigiu-se ao ministro com o mesmo propósito e argumentos semelhantes, ao pleitear um auxílio para a montagem de *Tiradentes*, "peça histórica, de alto interesse educativo e cívico", "certo de que o alto espírito nacionalista de V. Ex.ª não escapará ao grande interesse patriótico que existe na evocação de um dos episódios de maior significação de nossa história" (Processo nº 17.881/39).

Outro que solicitou auxílio para montagem foi Renato Viana. O pedido, feito ao ministro, ressaltava a atualidade e a universalidade de *Margarida Gauthier*, texto de sua autoria, e enfatizava sua pretensão de inaugurar uma temporada de "manifestação cultural da nova política do Brasil, por suas finalidades intelectuais, artísticas e de educação popular" (Processo nº 14.991/39).

Afora o concurso para a subvenção, o governo acabou por amparar outras companhias em 1939, como a do Recreio (de Walter Pinto), a de Mesquitinha, a de Paula Barros e a de Nino Nello. A partir de 1940, o amparo começou a ser concedido por meio de subvenções avulsas (exceto no caso da Comédia Brasileira), dirigidas a itens específicos: exclusivamente para a montagem de peças, ou para o pagamento do aluguel dos teatros, ou excursões, ou ainda para as modalidades do teatro amador, do estudantil e do infantil.

A subvenção para a montagem de peças com temática histórica e a atenção especial a outras, que eram mais dispendiosas, correspondiam à preocupação com a "elevação" da cena brasileira, embora os critérios de seleção não ficassem muito claros. As primeiras não ultrapassavam os limites da dramaturgia tradicional, mas se ligavam à produção cultural incentivada, como um todo, pelo Estado Novo. Não por acaso, as peças publicadas pelo Ministério da Educação e Saúde tiveram um teor "histórico" e, muitas vezes, "nacionalista": *Iaiá Boneca*, de Ernani Fornari, *Carlota Joaquina*, de Raimundo Magalhães Júnior, e *Tiradentes*, de Viriato Corrêa, além dos textos do mais antigo dramaturgo brasileiro, Antônio José, o Judeu. E esse fato certamente contribuiu para que várias companhias de sucesso investissem nesses textos: a de Jayme Costa encenou *Carlota Joaquina*; a de Delorges Caminha, *Tiradentes* e *Iaiá Boneca*; e a de Dulcina de Moraes, *Sinhá Moça chorou...*, o que revela certa adequação de artistas e autores às diretrizes oficiais.

No segundo caso, o das montagens especializadas, havia também uma conformação com as tendências da política para cultura emanadas do ministério de Capanema. Procópio Ferreira, por exemplo, apresentou, sob patrocínio oficial, várias peças de Molière, além de textos consagrados da dramaturgia nacional assinados por autores como José de Alencar e Artur Azevedo.

Serão apresentados, a seguir, alguns pedidos de subvenção, a título de ilustração. Vejamos, primeiro, o caso de Jayme Costa, um dos que mais solicitaram auxílio de 1936 a 1945. Antes mesmo de sua participação na concorrência organizada pelo SNT, Costa já havia se dirigido ao órgão solicitando verba para cobrir prejuízos que tivera no ano anterior. O auxílio foi negado. Todavia, o ator retornou, pleiteando um valor menor. Abadie objetou que não poderia abrir precedente, mas ele insistiu, escrevendo que se tratava de um adiantamento a ser, posteriormente, descontado. Abadie argumentou que isso seria aceitar a classificação antes da concorrência, e Costa persistiu, ponderando que, se não fosse classificado, indenizaria o SNT.

Levada a questão ao ministro, Capanema se posicionou a favor do parecer de Abadie. Porém, quando o processo chegou a Vargas, este considerou o pedido razoável e determinou que o SNT revisse o assunto. Por fim, Abadie mudou de ideia, colocando-se favorável ao deferimento do pedido de "apenas" 20 contos de réis e alegando não ser problema se outros empresários fizessem o mesmo (Processo nº 28.706/39). Depois da temporada subvencionada de 1939, e de acordo com os novos preceitos para a concessão de auxílios estabelecidos a partir de 1940, Jayme Costa voltou a fazer seus pleitos. Em 1940, pediu ajuda para a realização de uma viagem ao Rio Grande do Sul. Em 1942, atendendo à solicitação de Abadie, montou *Emboscada nazista*, campanha "patriótica" que envolveu, também, confecção de cartazes com frases proferidas por Getúlio Vargas que seriam afixados nas casas de espetáculos onde atuasse, e doação de renda à Cruz Vermelha, que seria entregue às famílias das vítimas da guerra no Brasil (Processo nº 8.291/40).

Jayme Costa parecia ter uma boa relação com as autoridades e costumava apresentar com frequência seus balancetes, descrevendo e comprovando todos os gastos efetuados com verba governamental. Mas, em 1945, recebeu uma cobrança do ministério e do SNT. Ao prestar as contas devidas, o ator aproveitou para fazer comentários ofensivos a Abadie Faria Rosa, insinuando que ele tinha "protegidos" e "afilhados",

A política dos palcos

"conhecidos pelos bons negócios teatrais que têm conseguido", e que era o único responsável pela "calamitosa existência do Serviço Nacional de Teatro, cujos erros são de domínio público" (Processos nº 96.679/45 e nº 2.486/45).

Já Procópio Ferreira, outro grande nome da cena teatral da época, só começou a receber amparo do governo a partir de 1940, apesar do bom relacionamento com Getúlio Vargas (Ferreira, 2000:285-286). A primeira referência ao ator encontrada na documentação analisada foi um comentário de Capanema sobre um memorial elaborado por ele em 1938 e enviado ao presidente da República. De acordo com Capanema, o memorial era dividido em duas partes. Na primeira, Procópio criticava a ação do governo em prol do teatro; na segunda, propunha um plano visando à utilização deste como meio de propaganda. Para isso, dispunha-se a organizar um repertório de caráter político constituído por peças que exaltassem os benefícios da nova Constituição e criticassem os erros e defeitos do regime anterior.

Outra sugestão era apresentar peças cuja autoria seria atribuída a "soldados e operários, para maior afirmação do espírito democrático do Estado Novo" (Capanema, 1938). Segundo Capanema, a ideia era interessante. O ministro concordava que "o teatro encerrava virtualidades extraordinárias como instrumento de propaganda", mas observava que o teatro não era uma arma política e que o público não o queria como tal, considerando: "tedioso o teatro que, abrindo mão da sua essência artística [...], se dispusesse a preencher a função de que se incumbem tantos e tão eficazes instrumentos modernos de persuasão e divulgação, como a gravura, o jornal, o filme, o rádio" (Capanema, 1938). E defendia a relação do governo Vargas com o teatro e a criação do SNT, que tinha a preocupação de oferecer ao nosso país, ao lado do teatro universal, que se dirige a qualquer público em qualquer época, um teatro brasileiro pelas suas características e tendências, considerando as nossas peculiaridades de vida, os nossos problemas, a nossa psicologia própria. Dentro dessa orientação, cabem os originais influídos pelo espírito do novo Estado brasileiro, mas influídos naturalmente, pela irradiação progressiva dos ideais e princípios políticos que informam este Estado.

[Capanema, 1938]

Assim, Capanema deixa claro que o teatro até poderia servir para fins propagandísticos, mas que não era dessa maneira que o governo o consideraria. Na verdade, a maior preocupação do ministro concentrava-se na questão da arte e da cultura, o que não o impediu de determinar, em 1942, que o SNT incentivasse espetáculos de propaganda relacionada à guerra, como já visto.[4]

Voltando a Procópio, em 1940 seus primeiros pedidos acabaram por reservar à sua companhia a maior rubrica na lista de auxílios (à exceção das companhias oficializadas), concretizados com o fornecimento de teatro, de subsídios para as montagens de *O avarento*, de Molière, e *Badejo*, de Artur Azevedo, e dos prêmios recebidos. No entanto, Procópio quis mais: pediu passagens para o Sul do país e depois para São Paulo, que foram autorizadas, mas parece que não executadas. Solicitou auxílios para a montagem de *Sganarello*,

---

[4] Por outro lado, no âmbito de outro ministério, o do Trabalho, o teatro foi usado como instrumento auxiliar de propaganda durante a gestão de Marcondes Filho. Em 1944, foi promovido um concurso de romance e comédia com "temas que acentuem as altas qualidades do trabalhador brasileiro e suas possibilidades dentro das realidades nacionais", e que deviam ser escritos "em linguagem simples, acessível aos meios proletários, mas elevada e perfeita, como padrão educativo e estético" (Concurso..., 1942:11-12).

de Molière, e de *Deus lhe pague*, de Joracy Camargo, que foram negados, tendo em vista a verba já recebida e os valores demasiado altos dos requerimentos (Processos n°s 85/40, 28.453/40 e 28.454/40).

Procópio também foi auxiliado em 1941 e nos anos seguintes. Seus processos assinalam certa falta de compromisso com os acordos obtidos com o governo. O ator e empresário fez diversos pedidos com o objetivo de mudar as peças apresentadas em suas propostas iniciais de repertório e vários deles foram negados. Em 1944, montou um amplo projeto de temporada, baseado no plano da Comissão Técnica Consultiva, cujo repertório "constituiria um autêntico curso sobre o nosso teatro retrospectivo, documentador de seu surgimento histórico, de sua implantação definitiva e sua ascendência natural" (Processo n° 28.981/44). O pedido, no valor de 200 mil cruzeiros, foi enviado para Capanema e Getúlio Vargas, e posteriormente aceito. As peças propostas eram: *Guerras do alecrim e da manjerona*, de Antônio José, o Judeu; *Juiz de paz na roça*, de Martins Pena; *Lição de botânica*, de Machado de Assis; *As doutoras*, de França Júnior; *Bela tarde*, de Roberto Gomes; *O quebranto*, de Coelho Neto; *Flores da sombra*, de Cláudio de Souza; além de *Deus lhe pague*, de Joracy Camargo, *O badejo*, de Artur Azevedo, e *O demônio familiar*, de José de Alencar, essas três últimas já encenadas por sua companhia sob patrocínio oficial.

No começo de 1945, Procópio foi chamado para explicar a dissolução de sua companhia sem o cumprimento de acordos realizados no ano anterior. Em sua resposta, ele argumentou que não dissolvera a companhia, apenas integrara ao elenco sua filha, Bibi Ferreira, e outros atores. Embora não se conheça o fim do episódio, pois esse processo não foi finalizado, vale reproduzir aqui o parecer da funcionária Corina Rebuá:

Claro é o descaso com que age o ator Procópio Ferreira em relação aos seus deveres com o Serviço Nacional de Teatro. Recebe dinheiro dos cofres públicos para uma realização artística, assume compromissos no sentido dessa realização, falta a esses compromissos e, inescrupulosamente, torce a verdade ao dirigir-se a uma entidade que chefia uma repartição pública federal.

[Processo nº 28.981/44]

Outro nome que aparece com frequência nas listas de auxílios é o de Renato Viana. O criador do projeto Teatro-Escola não pediu mais nenhuma verba governamental até 1938, quando recebeu auxílio para cobrir os prejuízos que tinha tido com sua companhia. Em 1939 participou da concorrência anunciada por edital e foi um dos classificados. Outros auxílios foram concedidos nos anos seguintes. Mas, em 1944, Renato Viana se dirigiu a Vargas comunicando a criação da Escola Dramática do Rio Grande do Sul, voltada para a instrução e preparação de atores e que contava com curso de cenotécnica, preparação de "diretores de cena", maquinistas, "pintores-decoradores" e eletricistas (Processo nº 21.234/44).

A proposta de Renato Viana era de grande vulto, bem como seus pedidos. Em 1945 requisitou uma verba de 240 mil cruzeiros para a criação de um Departamento de Publicidade, Cultura e Propaganda destinado à edição de peças e de uma revista especializada; a montagem de um repertório retrospectivo estrangeiro e nacional; a reforma da sede do Teatro Anchieta; a manutenção e expansão do Teatro Proletário; e a inauguração de um Curso Dramático Popular para os trabalhadores e suas famílias. O pedido foi deferido, mas o valor diminuído para 150 mil cruzeiros. Ainda nesse ano, ele voltou a escrever para Vargas com uma ideia mais ambiciosa: transferir sua escola para o Rio de Janeiro (Processos n°s 1.593/45 e 153/45; Viana, 1945).

O teatro cômico musicado, especialmente a revista, apesar de não figurar nos planos de Abadie, também recebeu amparo do Estado. Além da Companhia Jardel Jércolis, uma das classificadas no concurso de 1939, outros grupos, como o de Walter Pinto e o de Alda Garrido foram contemplados com dotações oficiais, em geral direcionadas para a realização de excursões. Os pareceres referentes a esses processos merecem destaque à parte, principalmente os escritos por Gastão Tojeiro, que endossavam a visão negativa sobre o gênero. Sobre um requerimento de verba para excursionar assinado por Jardel Jércolis, em 1942, Gastão foi avassalador:

A companhia do sr. Jardel, com exceção de uma única atriz de teatro, é constituída de elementos circenses e de artistas de variedades, já muito vistos. No momento em que os circos, por já não serem diversão bastante para atrair o público [...] o sr. Jardel foi buscar nos números de circo malabaristas, trapezistas, acrobatas, clowns, animais etc., coordenando-os à maneira de revista e chamando a isso nova feição teatral. Aliás, o fracasso dessa tentativa era previsto, pois, antes da sua, uma outra trupe, no mesmo gênero da sua, havia trabalhado um mês com grande prejuízo.

[Processo n° 56.291/42]

Tais pareceres nem sempre obtinham a concordância de Abadie, que, nesse caso transcrito, pediu a atenção do ministro, pois, segundo ele, o teatro como um todo merecia ser incentivado naquele período de turbulência gerado pela guerra. Aliás, em todos os processos – que, primeiro, recebiam o parecer de um técnico do órgão, sendo depois encaminhados para Abadie, seguindo para o ministro e, finalmente, para Vargas –, nota-se que a posição do diretor do SNT é, com frequência, condescendente. Esse fato anulava, na prática, toda a sua argumentação em relação ao favorecimento de um teatro "sério". Em várias ocasiões Abadie referiu-se às dificuldades sofridas pela classe teatral, concordando com muitas das solicitações.

Os casos mais polêmicos de concessão de auxílio foram os autorizados diretamente por Gustavo Capanema sem o parecer e nem mesmo o conhecimento de Abadie Faria Rosa, revelando que havia conflitos entre essas duas esferas administrativas. Um deles, como visto no capítulo anterior, foi a liberação de quantia vultosa para a Companhia Dulcina-Odilon, em 1943. O primeiro pedido de Dulcina e Odilon ocorreu em 1940 e foi feito diretamente a Capanema. Eles solicitavam auxílio para a montagem de *Sinhá Moça chorou...*, que foi deferido (Processo nº 31.267/40).

Em 1942, os artistas propuseram a Getúlio Vargas e Capanema uma temporada em conjunto com o Teatro do Estudante do Brasil. O plano era grandioso, afastado, de acordo com Dulcina, de intuito comercial, e justificado por sua "incontestável significação para a vida artística do povo", pelo desejo de "demonstrar as possibilidades criadoras dos artistas brasileiros, em todos os setores, na realização do grande teatro", de "propiciar a descoberta de valores novos" e de "ressaltar a expressão nacionalista" (Processo s.n., 1943). Outros atrativos da temporada eram a adoção de preços populares, a distribuição gratuita de ingressos para os estudantes e a realização de matinês culturais para professores e alunos do ensino secundário.

A política dos palcos

O repertório da Companhia Dulcina-Odilon era eclético, composto por peças como *A marquesa de Santos*, de Viriato Corrêa, *Convite à vida*, de Maria Jacintha, e *Comédia do coração*, de Paulo Gonçalves. As matinês seriam organizadas com textos de autores nacionais e de Alfred Musset, Eugene O'Neill e Jean Cocteau. Seguia o mesmo estilo o repertório do Teatro do Estudante do Brasil, que compreendia as peças *O jesuíta*, de José de Alencar, *Direito por linhas tortas*, de França Júnior, *Santa Joana*, de Bernard Shaw, *Como quiseres*, de Shakespeare, entre outras.

A proposta foi aprovada, apesar de uma redução no valor solicitado, que passou de 450 mil para 350 mil cruzeiros. Contudo, a temporada não se viabilizou devido à indisponibilidade do Teatro Municipal; e parte da verba foi dividida entre outros grupos. Em 1944, a companhia pôde, finalmente, realizar seu plano, recebendo um valor mais alto: 485 mil cruzeiros.

Mas a Companhia Dulcina-Odilon não foi a única contemplada com a interferência de Capanema. Em 1943, o Teatro Universitário, a companhia de Renato Viana e Os Comediantes receberam auxílios por ordem direta do ministro, conforme já comentado no capítulo anterior. Situação que se repetiu no ano seguinte, contrariando os planos da Comissão Técnica Consultiva e causando o pedido de demissão de seus membros. O caso de Os Comediantes começou ainda em 1942, quando Capanema mandou adicionar um auxílio de 160 mil cruzeiros ao orçamento do SNT relativo ao ano de 1943. Além da concessão, Capanema se preocupou pessoalmente com a obtenção do Teatro Municipal, solicitando-o ao prefeito do Rio de Janeiro, Henrique Dodsworth (Processos nºs 37.658/42 e 65.674/43).

O grupo não realizou todas as encenações programadas. Ainda assim, no ano seguinte recebeu uma subvenção maior e referente a toda a dotação destinada ao teatro amador (exceto os grupos de estudantes), o que demonstrava, por certo, o reconhecimento de Capanema às iniciativas do grupo, elogiadas por diversos intelectuais. E, novamente, não foram realizadas todas as montagens propostas. Dessa vez o grupo demorou cerca de dois anos para prestar contas de suas aplicações (Processo nº 17/44).

As grandes concessões feitas aos grupos amadores repercutiram negativamente entre os artistas profissionais e a imprensa, como pode ser observado em uma crítica publicada no *Jornal do Brasil* em 1943:

> Abandonados à sua sorte, devem os profissionais procurar outro meio de vida. Enquanto isso, rapazes e moças que não se destinam à vida de teatro porquanto se encarregam para atividades muito diversas, brincarão de teatro, custando essa brincadeira aos cofres públicos mais de meio milhão de cruzeiros. O estímulo do amadorismo é um dos itens do sábio decreto que criou o SNT, mas encará-lo como fator principal e relegar para o segundo plano o teatro normal é fugir, por completo, ao espírito da lei.
>
> [Quase..., 1943:8]

Os profissionais se mobilizaram e organizaram uma assembleia com o fim de solicitar apoio do governo para o teatro e reivindicar a negativa de auxílio de qualquer espécie a espetáculos realizados por amadores (Dória, 1975:96). Até mesmo outros grupos amadores expressaram sua decepção com a atitude do ministro de privilegiar Os Comediantes. Foi essa, pelo menos, a reação do Teatro Popular de Amadores Abadie Faria Rosa, cujo presidente, Armando Garceau Moreira, enviou uma carta a Vargas pedindo uma explicação sobre os critérios utilizados para a distinção de Os Comediantes em 1944. O processo, encaminhado ao SNT, recebeu um parecer lacônico de Corina Rebuá: "O critério foi o do ministro" (Processo nº 8.132/45).

A partir desses episódios, pode-se chegar a algumas conclusões. A primeira refere-se ao caráter localizado das ações do SNT, que, praticamente, se restringiram às companhias do Rio de Janeiro. Em vários pareces se percebe que essa disposição era mesmo uma determinação do presidente da República, cabendo aos interventores de cada estado dar proteção às suas companhias. Dois casos se constituem as maiores exceções: o da companhia de Nino Nello, que, originada em São Paulo, teve seus pedidos atendidos em vários anos, por serem destinados à realização de excursões nesse estado e em outras partes do Brasil; e o de Renato Viana, que, em 1942, transferiu-se para o Rio Grande do Sul.

A segunda conclusão é que não houve grande preocupação com a difusão desses espetáculos, além do amparo às excursões e o fornecimento de teatro. Não foram encontradas informações sobre gratuidade ou descontos em ingressos, que favoreceriam a afluência de um público diversificado, exceto as mencionadas propostas de Jayme Costa e de Dulcina (em conjunto com o Teatro do Estudante), os espetáculos infantis realizados pela Associação Brasileira de Críticos Teatrais (ABCT) e os do Teatro Universitário (Processos nºs 11.227/40 e 9.481/42). Assim, apesar do projeto educativo e da proposta de elevação cultural que sustentavam a justificativa de boa parte das concessões, parece que, na prática, tais objetivos não foram estimulados de maneira mais efetiva.

A terceira conclusão é que a predominância dos auxílios financeiros deu margem ao mau uso do dinheiro público. Vários dos planos apresentados não foram cumpridos e alguns grupos não enviaram os comprovantes de pagamentos realizados com verba oficial, apesar da fiscalização e da cobrança constantes do SNT. Até mesmo Mário Nunes, crítico acirrado dos auxílios e formulador de diversos projetos visando à reforma desse órgão, como se verá a seguir, protagonizou um caso polêmico quando esteve na presidência da ABCT. Nunes foi chamado a responder por ter enviado os comprovantes referentes ao amparo obtido em 1944 destinado ao teatro infantil cheios de irregularidades (incluindo a falta de selos e a falsificação de documentos) – questão que foi parar na polícia (Processos n°s 19.587/44 e 41.055/45).

A última conclusão refere-se ao caráter abrangente das concessões realizadas pelo SNT, que compreenderam diversos gêneros e modalidades teatrais, apesar das restrições de Abadie e dos técnicos do órgão e do próprio projeto cultural de Capanema. Essa abrangência parece revelar a existência de dois eixos de ação, constituída de maneira tumultuada ao longo desses oito anos. O primeiro consistia em garantir as condições de trabalho àqueles que se dedicavam ao teatro; o segundo refletia uma tentativa de encontrar uma solução para a questão artística, visando à transformação paulatina do teatro brasileiro. Mas esse ponto merece ser pensado com mais cuidado, pois, algumas vezes, tais aspectos foram deixados de lado e concessões foram marcadas pelo personalismo. Diversos pedidos foram feitos ao ministro ou ao presidente, que insistiam em demonstrar interesse pelo teatro, assistindo a peças, enviando congratulações aos artistas ou interferindo diretamente na concessão.

Nesse sentido, um dos casos sobre o qual se dispõe de mais informações é o do relacionamento entre Getúlio Vargas e Luiz Iglézias. No relatório de atividades do SNT de 1941, ao lado da rubrica informando um pequeno auxílio concedido à companhia de Iglézias, consta a seguinte frase: "de ordem do sr. presidente da República" (Rosa, 1942). Em seu livro, Iglézias revela que a sua revista *Rumo ao Catete* foi escrita, em 1937, como um libelo contra as candidaturas de José Américo, Armando Salles e Plínio Salgado à Presidência da República, tratando-se, na realidade, de um "apelo público e corajoso a Getúlio Vargas para continuar no governo" (Iglézias, 1945:140). Esse mesmo tipo de informação é constatado em um telegrama enviado a Vargas em 1945, quando o autor se prontificou, novamente, a pôr sua "pena de teatrólogo ao serviço de V. Ex.ª [sic] escrevendo [a] revista *Que rei sou eu?*", para a qual cobraria apenas uma recompensa:

consulte V. Ex.ª [sic] de fato [os] interesses [do] teatro nacional para futuras medidas de amparo visto que até hoje todas [as] medidas [que] V. Ex.ª [sic] apesar [de] tomadas com sinceridade foram sempre executadas com favoritismo continuando o teatro nacional sua eterna luta contra mil obstáculos que se lhe antepõem. Perdoe-me V. Ex.ª [sic] esta franqueza onde só existe desejo sincero [de] ver V. Ex.ª [sic] querido com justiça pela gente de teatro do nosso Brasil.

[Processo nº 16.365/45]

As entidades de classe e o SNT

Dando continuidade ao papel de ativas participantes na cobrança de atenção dos poderes públicos às questões do teatro, as entidades de classe se fizeram bastante presentes durante os primeiros anos do SNT, dando sugestões que visavam sanar os obstáculos enfrentados pelo órgão e os problemas não resolvidos pelo governo. A Sbat se viu, em um primeiro momento, representada pelo próprio diretor do SNT, Abadie, com o qual possuía fortes vínculos, e também por parte do quadro de seus funcionários, formada por dramaturgos. Mesmo assim, não escapou dos problemas que geralmente a assolavam, o que a levou a cobrar do SNT, em 1945, mais rigor na apuração da idoneidade dos empresários e das companhias subvencionados, já que estava sendo prejudicada na arrecadação dos direitos autorais. A queixa obteve rápida resposta, com a instituição da Portaria nº 7, de 28 de setembro do mesmo ano, que determinou que todo aquele que requeresse auxílio financeiro ao SNT deveria primeiro apresentar um documento de quitação emitido pela entidade (Processo nº 72/45; Portaria nº 7/1945).

Contudo, além da preocupação com a garantia dos próprios interesses, a Sbat se voltou para outros pontos que a atingiam indiretamente. Um deles era a falta de teatros, problema para o qual chamou a atenção do presidente da República em vários telegramas, entre 1942 e 1944.

Outra entidade atuante era a Casa dos Artistas, chamada, a partir de 1940, de Sindicato dos Atores Teatrais, Cenógrafos e Cenotécnicos, que chegou a elaborar propostas para reorganizar a ação do governo em prol do teatro. Um dos primeiros casos levantados pela Casa dos Artistas foi o da acusação de descumprimento de leis trabalhistas pela Comédia Brasileira e pela Companhia Nacional de Operetas, gerando conflitos que duraram mais de um ano. Nessa mesma direção, cuidou ainda de causas menores, protestando contra a contratação ilegal de Antônio Sampaio pela Companhia Luiz Iglézias-Freire Júnior, e contra o responsável pelo guarda--roupa da Comédia Brasileira, estrangeiro e não sindicalizado, o que feria os preceitos trabalhistas do governo Vargas (Processos n°s 156/40 e 35.839/42). Outra denúncia foi a de que a Companhia Jayme Costa descumprira edital, ao não dividir o lucro com seus contratados, acusação julgada improcedente, conforme observação do fiscal responsável, Serra Pinto (Processo n° 5.169/40).

A atuação da Casa dos Artistas não se limitou, porém, a denúncias e críticas. Em 1940, enviou um projeto de contrato de concessão de auxílios, contendo, entre outros pontos, itens que obrigavam as companhias a dar preferência a artistas nacionais e sindicalizados (Processo n° 53/40). Ainda nesse ano, apresentou uma proposta mais ambiciosa: a de reforma da Lei Getúlio Vargas. O anteprojeto mantinha grande parte da estrutura do decreto de 1928, mas incorporava as atualizações da legislação trabalhista promulgada a partir de 1930 (Anteprojeto..., 1940).

Em 1942, sob a presidência de Nogueira Sobrinho, a Casa dos Artistas solicitou que o diretor do SNT entrasse em contato com a prefeitura, que estava, na época, reorganizando o funcionamento dos cassinos, para obrigá-los a adotar companhias brasileiras. Organizou também um memorial no qual expôs o agravamento diário da situação do teatro nacional, destacando, em especial, os efeitos da guerra e a concorrência dos cinemas. Para contornar tais problemas, apresentava algumas recomendações, como a taxação de filmes estrangeiros, cuja verba seria encaminhada para a construção de teatros; a estipulação de preço para aluguel de teatro ou substituição deste pelo pagamento de 30% da renda do espetáculo; a abolição temporária dos impostos de cartazes, de localização, de censura e do imposto municipal; a realização de rodízio dos elencos nas casas de espetáculos da cidade; a proibição de transformação de teatros em cinemas ou estabelecimentos comerciais (Processos nᵒˢ 117/42 e 139/42).

O SNT não tinha autonomia para a execução de tais ideias, que se assemelhavam às apresentadas pela Sbat e outras organizações. Muitas delas estavam fora de sua alçada, como a taxação da censura. Algumas até conflitavam com outras ações da gestão Vargas, caso do cinema: produtores, cineastas e proprietários de cinema gozavam de amplos benefícios desde o início de governo, antes mesmo de qualquer iniciativa ser tomada em favor do teatro, e já haviam demonstrando seu poder de pressão.[5]

No final de 1943, a Casa dos Artistas voltou a assumir um tom mais agressivo, saindo em defesa do teatro profissional, preterido pelo governo, que concedia grandes auxílios a grupos amadores. Em carta endereçada a Vargas e assinada por diversos artistas – entre eles, Álvaro Pires, Ferreira Maya, Delorges Caminha, Itália Fausta, Jayme Costa e Vicente Celestino –, foi relembrado o papel da entidade na criação da Comissão de Teatro Nacional, que iniciara o patrocínio às atividades de amadores:

> Desviando uma grande parte da verba destinada ao fomento do Teatro Nacional para os diletantes, a Comissão em apreço começou a satisfazer os caprichos daqueles que queriam brincar de teatro com o dinheiro do Estado, em detrimento dos profissionais, destes que vivem unicamente do teatro e para o teatro.

---

[5] Sobre o assunto, ver Simis (2008).

A política dos palcos   123

Estalou dentro de nossa alma uma revolta, justa e sincera, pois, como V. Ex.ª [sic] havia determinado ao emissário que se avistara com V. Ex.ª [sic] que não queria que nenhum profissional da ribalta continuasse a passar privações, vimos, com mágoa confessamos, aqueles desprotegidos continuarem a sofrer as agruras da fome.

[Carta..., 27-12-1943]

Além de críticas, foram enviadas as seguintes sugestões, aprovadas em assembleia: requisição de casas de espetáculos em todo o Brasil; requisição de teatros entregues a empresas de cinema; manutenção da Comédia Brasileira, dispondo de verba fixa para "realizar espetáculos dedicados às camadas populares, tanto educativos como cívicos"; criação de imposto de 10% sobre companhias estrangeiras; supressão dos emolumentos cobrados pela censura teatral; abolição dos impostos estaduais; reorganização do SNT e sua subordinação à Presidência da República; concessão de facilidades para a locomoção das companhias em excursão; instituição de fórmulas de contratos; realização de propaganda sistemática em favor do teatro nacional, por meio do DIP.

Por último, a carta recomendava a formação de uma comissão composta por Mário Magalhães, Ferreira Maya, Álvaro Pires, Jayme Costa, Viriato Corrêa, Itália Fausta, Gilda de Abreu, além de um representante do Ministério da Educação e Saúde, do major Napoleão de Alencastro Guimarães e de Israel Souto, do DIP. À comissão caberia a elaboração de um plano com o "intuito sadio de se atribuir ao Teatro Nacional o posto que lhe cabe e a missão educacional que lhe está reservada, dentro do Brasil [...] e dentro da própria América" (Carta..., 27-12-1943).

Observa-se nesse documento a presença de várias das sugestões enviadas anteriormente, somadas a uma proposta de reformulação do SNT, que passaria a ficar subordinado diretamente à Presidência da República, a exemplo do DIP. Com essa pretensão, a Casa esperava que o teatro ganhasse mais prestígio e pudesse ter seus problemas resolvidos. Para isso, utilizavam-se argumentos que se adequavam às diretrizes do Estado Novo e à "missão educacional" do ministério de Capanema.

Outra entidade que organizou um amplo projeto de transformação das atividades do governo relacionadas ao teatro foi a ABCT, que, em 1943, sob a presidência de Mário Nunes, elaborou um memorial dirigido a Getúlio Vargas. O memorial continha duras críticas ao SNT e as sugestões apresentadas compunham um plano quinquenal que previa: a criação de um imposto federal para financiá-lo; a reorganização interna do SNT e sua transformação em Departamento Autônomo de Teatro (DAT); a instituição de órgãos estaduais; a realização de propaganda intensiva a favor do Teatro Nacional; a realização do censo da gente de teatro e do inventário das casas de diversão; a organização de elencos nacionais de comédia e de teatro musicado, de temporadas de ópera lírica e de bailados, e a posterior formação de um elenco nacional lírico e outro de bailados; o incentivo ao amadorismo; o fomento ao ensino da arte de representar em todo o país e ao teatro nas escolas; a formação de bibliotecas especializadas, museus e arquivos; a publicação de peças nacionais de mérito e obras sobre teatro, além da tradução de obras estrangeiras; a criação de teatro permanente nos estados; o incentivo à produção de peças através da concessão de prêmios (Memorial..., 1943).

O plano indicava ainda providências imediatas, como a entrega dos teatros João Caetano e Ópera à União, a proibição da cobrança de aluguéis extorsivos, o entendimento com a prefeitura do Rio de Janeiro e o governo dos estados para concessão de facilidades visando à construção de teatros; com o Ministério da Viação e Obras Públicas, para abatimento de passagens e transporte de material nas companhias de navegação, ferroviárias e rodoviárias; e com os ministros das pastas militares e do Trabalho, para auxílio à representação de peças cívico-patrióticas e político-sociais.

Outra inovação seria a instituição do Conselho Nacional de Teatro, composto por sete membros: o diretor do DAT, um delegado da ABCT, outro da Sbat e mais um da Casa dos Artistas, além de três entendedores de teatro nomeados pelo presidente da República. Tal conselho teria a finalidade de selecionar as companhias merecedoras de auxílio e aprovar o repertório dos elencos oficiais e os programas de ensino dos cursos práticos do DAT, entre outras funções.

Em agosto de 1944, a ABCT, em conjunto com a Casa dos Artistas e a Sbat, formou a Comissão Permanente de Teatro, destinada a empreender "esforços para o bem e o progresso material e artístico do teatro no Brasil" (Comissão..., 1944:10). A Comissão tinha como proposta de trabalho o exame de sugestões e seu encaminhamento às autoridades estatais ou outras organizações, projeto que compreendia também a instituição de delegações nas principais cidades do país. De sua diretoria faziam parte Mário Nunes (ABCT), como presidente; Paulo de Magalhães (Sbat), como secretário; e Delorges Caminha (Casa dos Artistas), como tesoureiro. Entre seus participantes estavam, ainda, Ferreira Maya, Geysa Bôscoli, Joracy Camargo, Luiz Iglézias e Bandeira Duarte.

No final de 1944, a Comissão Permanente enviou um plano ao presidente Vargas. Embora formulado por representantes de entidades que haviam apresentado grandes propostas de transformação da ação do governo em relação ao teatro, o plano não diferençava dos já elaborados pelo SNT, a não ser pelo valor da verba destinada a cada item (Processo nº 154/45). Parece, dessa forma, que as entidades, depois de não verem atendidos seus pleitos, ajustaram suas ideias ao que era passível de realização no momento. Além dessas organizações, todas do Rio de Janeiro, outra entidade mostrou-se bastante atuante, embora se tenham raras e conflitantes informações sobre ela: o Sindicato dos Trabalhadores de Teatro de São Paulo, depois Sindicato dos Atores Teatrais, Cenógrafos e Cenotécnicos do Estado de São Paulo. A presença marcante dos artistas paulistas reclamando uma atenção especial revela os aspectos particulares dessa cidade, que não podia ser comparada ao Rio de Janeiro em termos de produção teatral, mas que já começava a despontar como importante centro artístico e era parada obrigatória das companhias em excursão.

Em janeiro de 1939, o sindicato solicitou a criação de uma censura única. Logo depois, outra carta apontou a necessidade de um representante do SNT para São Paulo. No ano seguinte, por intermédio de seu secretário-geral, o ator e empresário Nino Nello, a entidade pediu apoio à formação de um teatro de emergência (Processo nº 54/39 e s.n., 15-4-1939). A falta de teatros era um grande problema também na capital paulista. Segundo Sábato Magaldi e Maria Thereza Vargas (2001:121), em 1936 a cidade tinha apenas oito casas. Em 1940, de acordo com uma carta do sindicato, o número caíra para cinco (Processo nº 14.484/40). A resposta negativa do SNT não desanimou Nino Nello e ele foi o responsável pela construção do Teatro Popular, espécie de teatro desmontável que poderia ser levado para outros lugares. Essa era, portanto, uma alternativa possível diante da escassez de casas de espetáculos e que chegou a ser utilizada por outros artistas, como Sebastião Arruda e Aldo Zaparoli, também de São Paulo (Processos nº^{os} 26/40, 14.484/40, 11.403/40 e 13.447/40).

Ainda em 1940, o sindicato voltou a se comunicar com o SNT e o ministro Capanema, fazendo críticas às subvenções e relatando suas demandas: isenção de impostos para as companhias teatrais e circenses; construção de teatros; e, novamente, nomeação de um delegado do SNT em São Paulo (Processo nº 166/40). Em 1941 o sindicato paulista enviou um memorial ao ministro Capanema, elaborado "de acordo com os objetivos do Estado Novo" (Processo nº 21.204/41). Na lista das solicitações estava, além dos itens contidos no processo de 1940, a criação de um teatro de comédia oficial em São Paulo.

Em 1944, foi a vez de os empresários e homens de teatro e circo, como Aristides Basiles, Raul Soares e Ferreira Maya (que se incorporava à luta dos paulistas), se unirem para enviar ao presidente da República uma carta solicitando atenção às atividades teatrais desenvolvidas em São Paulo, como já tinha sido feito com o Rio de Janeiro (Processo nº 28.335/44).

Com essas críticas e sugestões, o que fica evidente é a posição discordante, quase generalizada, ao programa voltado para o teatro empreendido pelo governo Vargas, apesar das diferentes nuances que caracterizavam o jogo de interesses implícito em cada ideia exposta. Ou seja, o SNT não atendia às demandas dos vários grupos que formavam o setor teatral, e devia, por isso, ser reformulado – iniciativa que seria complementada por outras que obrigariam o governo a interferir em áreas diversas. Porém, mesmo assumindo um tom crítico, muitas das entidades utilizaram, em suas cartas, de uma argumentação que defendia os preceitos do regime, revelando a adequação de seus projetos à política implementada pelo Estado Novo, talvez como um artifício para alcançar resultados positivos.

As últimas demandas atendidas e o fim do governo Vargas

Embora o setor teatral mostrasse forte oposição às ações estabelecidas, Vargas era imune a todas as críticas das quais Capanema não conseguia escapar. O presidente era tema de peças, especialmente revistas, que o exaltavam de diversas maneiras. Alguns desses espetáculos ele prestigiou com sua presença, o que contribuiu para popularizá-lo ainda mais. Joracy Camargo[6] (1940) chegou a dedicar opúsculos ao presidente (não se sabe se sob encomenda ou não), escrevendo sobre o relacionamento de seu governo com a cultura a partir da análise de áreas diversas, como teatro, cinema, imprensa, livro, belas-artes e patrimônio histórico e artístico nacional.

O presidente recebeu homenagens da classe teatral em praticamente todos os anos de seu governo. Empatia constatada ainda pelo fato de, muitas vezes, autores, atores, empresários e entidades se dirigirem diretamente a ele em seus pedidos ou reclamações. Em 1940, cerca de 50 artistas foram até o Palácio do Catete levar "aplauso, solidariedade e agradecimento", ocasião em que Procópio Ferreira proferiu o seguinte discurso, reproduzido em uma das publicações do DIP:

---

[6] Barreto Filho (1940:99) informa que, a partir da portaria da polícia do Distrito Federal de 20 de outubro de 1937, foram proibidos os espetáculos de revista com personagens representando autoridades públicas e o uso de símbolos nacionais, fato confirmado por Iglézias.

Aqui está, mais uma vez, na nobre presença de V. Ex.ª [sic], toda a classe teatral, movida, unanimemente, pela força incoercível da gratidão mais perfeita, como é sempre a gratidão dos idealistas no momento supremo de concretizar seus ideais.

Essa mesma classe, que aqui hoje se apresenta, feliz, contente de viver, reintegrada por V. Ex.ª [sic], na comunhão nacional, tantas vezes transpôs as portas deste palácio, antes da Revolução salvadora de 1930, triste, oprimida, humilhada pela condição de inferioridade em que vinham mantendo os governos que nunca se haviam percebido de sua própria existência. Hoje, reparada por V. Ex.ª [sic] a tremenda injustiça, que, mais do que aos artistas, atingia a própria dignidade nacional, e reajustada a sua consciência, entra aqui com o coração tranquilo e a alma em festa, como se entrasse na casa paterna.

[Barreto Filho, 1941:105-106]

Em agosto de 1945, em meio à crise que levou ao fim o Estado Novo, Getúlio Vargas aprovou o plano organizado por João Batista Massot no mesmo ano, provocando uma reação efusiva do meio teatral, que organizou um desfile de carros abertos da Praça Mauá até o Catete. Participaram representantes de todas as sociedades de classe, sindicatos e delegações das companhias que trabalhavam no Rio de Janeiro e em São Paulo. Além do desfile, foi preparada uma Semana do Teatro para celebrar o presidente.

No dia 17 de setembro, durante essas homenagens, Vargas sancionou três decretos-lei voltados para o teatro. Saíam de cena, portanto, o Ministério da Educação e Saúde e o SNT, e entrava em cena o próprio presidente, como protagonista de uma mudança que vinha ao encontro dos desejos reclamados durante toda a sua gestão.

O primeiro decreto-lei (n.º 7.957) dispunha sobre a isenção de impostos e taxas federais incidentes sobre teatros, circos e pavilhões. E determinava, também, a isenção de impostos, durante cinco anos, para a construção de teatros, a doação de terrenos com esse fim pelo governo federal e o entendimento com os governos dos estados e municípios para que fizessem o mesmo (Brasil, 1945a:301-302). O segundo decreto-lei (n.º 7.958) instituiu o Conservatório Nacional de Teatro na Universidade do Brasil, com os cursos de Arte Dramática e de Arte Coreográfica. O terceiro decreto-lei (n.º 7.959) dispunha sobre a locação de teatros no Distrito Federal, proibindo a utilização de edifícios teatrais para outros fins e determinando a preferência da locação de casas para as companhias nacionais (Brasil, 1945c:303).

Deposto no final de outubro, Getúlio Vargas não teve tempo de regulamentar e implantar essa legislação, tarefa que ficou para os governos seguintes. Apesar de inovadoras, algumas dessas medidas já constituíam itens do programa inicial do SNT. A criação do Conservatório Nacional de Teatro e o estímulo à construção de casas de espetáculos estavam presentes no plano quinquenal proposto por Abadie Faria Rosa, cujas ideias conseguiram, em parte, sair do papel.

Conforme contido no plano, o SNT promoveu uma concorrência para a subvenção de companhias, prática continuada, com algumas modificações, nos anos seguintes.

Outras ideias concretizadas foram a instalação do Curso Prático, que, sem contar com altos investimentos, persistiu com suas atividades por todos esses anos, respondendo pela formação de alguns atores e bailarinos; e a criação de uma companhia oficial, que, a despeito de todos os elogios feitos por Abadie em seus relatórios, não promoveu nenhum experimento que a distinguisse das companhias comerciais. Mesmo assim, teve pouco sucesso de público, encerrando suas atividades em 1945.

A "elevação" do repertório, almejada por Abadie e Capanema, que deveria ser estimulada com a concessão de prêmios, não foi alcançada em sua totalidade: os prêmios acabaram contemplando o teatro elaborado nos moldes tradicionais e, no caso de outros auxílios, até aqueles pertencentes a gêneros que eram vistos de maneira negativa pelo diretor do órgão. Ainda assim, o SNT abriu espaço para novas experiências e representações de peças mais "sérias" e com propostas modernas, provenientes especialmente de grupos amadores. Abertura não somente determinada por Capanema, como incentivada por Abadie, que, em nenhum momento, deixou de atentar para a importância do teatro amador como elemento renovador, apesar das pressões sofridas e até dos pareceres contrários dos colegas que trabalhavam no órgão.

Abadie reconhecia os limites da atuação do SNT, restritos devido aos recursos financeiros disponíveis, à falta de autonomia do órgão, a questões que exigiam a ação do governo em outras áreas e a outros pontos que ultrapassavam a esfera do poder. Mesmo assim, tentou implementar medidas que viessem transformar a cena brasileira em seus mais variados aspectos. É o que revelam os seguintes trechos:

> É forçoso, portanto, repetir: o teatro não se faz com leis. Não são os dispositivos legais que vão dar corpo e vitalidade a uma obra de mera inteligência e saber, a um empreendimento de integral amadurecimento. Teatro é cultura, é adiantamento, é civilização. Só o tempo poderá realizar iniciativa de tal monta. O que o Estado deverá e poderá fazer é incentivar, provocar, acelerar esse surgimento de arte tão complexa.
>
> [Rosa, 1942]

Entretanto, apesar disso, o que ressalta da rota segura que vem sendo seguida pelo SNT é sua obra de futuro, uma realização para o dia de amanhã, a implantação de raízes do nosso teatro.

[Rosa, 1943]

A falta de clareza nas propostas, as contradições dos planos em confronto com a prática, a interferência de Capanema e até de Vargas marcaram esse primeiro momento do SNT. Sua trajetória, porém, não termina aqui. O órgão atravessou boa parte da história recente do país tomando rumos diferentes, propondo iniciativas de proteção ao teatro brasileiro e contando com a participação decisiva do setor em busca de um modelo de política para o teatro nacional.

Conclusão

Acompanhamos, aqui, o início do processo de construção de uma política para o teatro no Brasil com a criação da Comissão de Teatro Nacional e do Serviço Nacional de Teatro (SNT), entre 1936 e 1945. De maneira distinta das iniciativas originadas no século XIX e distantes da ação censória, esses dois órgãos representaram a transformação dos problemas do teatro em objeto de programa específico, ideia que adquiriu legitimidade e se mantém ainda hoje, incorporada aos debates mais recentes acerca da relação entre Estado e cultura no país.

O governo de Getúlio Vargas, em meio a medidas centralizadoras e intervencionistas que levaram para o centro das atenções novos domínios da sociedade e da economia, promoveu a institucionalização da área da cultura, absorvendo as demandas do meio teatral, tal como as de outros setores. Esse processo incluiu a participação de profissionais desse campo na composição das estruturas administrativas instaladas e a oficialização de alguns de seus discursos e de suas concepções de teatro. Ao mesmo tempo, com o estímulo atuando ao lado de mecanismos repressivos, o governo também reforçou seu controle sobre a esfera da produção cultural, garantindo, até mesmo, que alguns artistas e dramaturgos produzissem de acordo com suas diretrizes.

Assim, considerar as características do Estado instituído em 1930 – em especial, sua relação com o conjunto da sociedade – revelou-se fundamental para esta análise. Igualmente relevante foi destacar a atuação dos diversos grupos componentes do setor teatral, para avaliar seu papel na construção de uma política destinada ao desenvolvimento do teatro brasileiro. Atentando para o confronto de interesses entre essas instâncias, apontou-se a complexidade desse processo, dando visibilidade aos diferentes atores que dele participaram.

Diante dessas balizas, foi retratada, em primeiro lugar, a organização do teatro brasileiro nas primeiras décadas do século XX, mostrando como esse campo se estruturava artística e comercialmente. Nessa direção, foram ressaltados os obstáculos enfrentados no "fazer teatro", a concorrência de outras formas de diversão, como o rádio e o cinema, e a generalizada visão negativa sobre a cena brasileira, particularmente no que se referia à predominância dos gêneros cômicos e musicados no gosto do público. Foram demarcados, assim, os dois grandes eixos de problemas que afetavam o meio teatral e eram pauta de discussão na época: os ligados às condições de trabalho e os relacionados aos aspectos artísticos, que traziam, em seu bojo, uma concepção idealizada de teatro, baseada em padrões artísticos e literários de caráter erudito. Também foram vistas algumas tentativas de superá-los, com a organização de entidades cuja finalidade era obter do governo medidas favoráveis à área e que, para isso, se articulavam com os meios políticos que demonstravam certo interesse pela matéria.

Reconstituindo alguns episódios dessas movimentações, verificou-se que grande parcela do setor via a ação dos poderes públicos como fator preponderante para a solução de seus problemas. Vários projetos foram propostos, como a criação de uma companhia oficial, a instituição de uma escola, a construção de novas casas de espetáculos. A primeira conquista veio em 1928, com a instituição da Lei Getúlio Vargas, que regulamentou a profissão de artista e de outros técnicos do setor e dispôs sobre os direitos dos autores. Com a chegada do deputado responsável por tal feito à Presidência da República, os pedidos de atenção para a área foram reforçados, valendo-se dos vínculos existentes entre a sua pessoa e o meio teatral. As respostas a essas reivindicações não demoraram. A criação de uma Comissão para a redação de um estatuto para os profissionais teatrais no âmbito no Ministério do Trabalho, Indústria e Comércio, em 1932, foi a primeira. Logo depois, entre 1934 e 1935, veio a conturbada subvenção do Teatro-Escola.

A ação mais duradoura iniciou-se em 1936. O Ministério da Educação e Saúde, sob a gestão de Gustavo Capanema, constituiu-se palco privilegiado para o amparo da cultura brasileira. Contando com o apoio de vários artistas e intelectuais, o ministro edificou um amplo e diversificado projeto de estímulo a diferentes atividades, orientado para a promoção da alta cultura e a construção de uma identidade nacional. A formação da Comissão de Teatro Nacional, determinada por Vargas depois de reunião com representantes de classe, inseriu-se nesse quadro. Além da resolução das dificuldades materiais, constantemente enfatizadas pela categoria, o ideal de transformação da cena brasileira encontrou em Capanema um interlocutor interessado.

A Comissão teve uma composição heterogênea, reunindo profissionais teatrais e intelectuais e artistas especializados em literatura, música e artes plásticas. O trabalho realizado em pouco mais de um ano ficou marcado pela elaboração de estudos sobre vários temas relacionados ao teatro, alguns deles transformados em atos concretos. Uma das principais medidas empreendidas foi a da subvenção. Esta se dirigiu principalmente a companhias profissionais que propunham "elevar" o nível da cena brasileira, grupos amadores considerados elementos de renovação teatral e grandiosos espetáculos líricos e de bailados.

Outras iniciativas foram implantadas, como a tradução de peças estrangeiras, a tradução de libretos de ópera e a redação de uma história do teatro brasileiro. Medidas que representaram tentativas de interferir na formação de artistas e dramaturgos, fornecendo-lhes os conhecimentos necessários para a produção teatral "séria" ou de "arte" reclamada por grande parte da crítica. Essa preocupação permeou, ainda, os planos do SNT em seus primeiros anos de existência, cuja direção ficou nas mãos de conhecidos nomes ligados ao teatro profissional. E, diferentemente do que ocorreu com a Comissão, durante a atuação do SNT um maior número de grupos e entidades teatrais passou a disputar espaço, buscando no governo o atendimento de suas demandas.

Concentrando-se na prática da subvenção, o SNT amparou espetáculos de diversos gêneros e modalidades, revelando um caráter abrangente. Não imprimiu um sentido único à produção teatral nem excluiu experiências consideradas negativas, mas interagiu com a cena existente. Atendeu tanto às novas propostas de grupos amadores que se encaixavam no projeto de "elevação" da cena nacional quanto às pressões das companhias de comédia tradicionais, que denunciavam sua precária situação ou se adequavam às diretrizes culturais emanadas do governo e, muitas vezes, valiam-se das relações pessoais com o ministro, com o presidente Vargas ou com o diretor do órgão.

A disputa entre projetos artísticos, os confrontos entre o antigo e o moderno, o profissionalismo e o amadorismo, o teatro "para rir" e o teatro "sério" evidenciaram-se em diversas ocasiões, o que torna esse momento um referencial marcante para a história do teatro brasileiro. Pode-se mesmo afirmar que, embora longe de ser crucial, o amparo do governo foi importante para que novas propostas cênicas adquirissem visibilidade nesse panorama.

Ao privilegiar a atividade da subvenção, várias questões que teriam impacto maior na estrutura do campo teatral – como a criação de uma escola, a construção de casas de espetáculos, a isenção de impostos, o incentivo ao teatro infantil voltado para a formação de público, o estímulo à produção dramatúrgica, a publicação de peças estrangeiras e nacionais – foram deixadas de lado ou perderam importância. Assim, grande parte dos problemas apontados desde os primeiros anos do século XX, cuja solução provocaria uma transformação mais profunda no meio, foi relegada a segundo plano. A própria ideia de um curso universitário de teatro, que poderia trazer mudanças na formação de atores não foi levada adiante, apesar do momento propício inaugurado com a criação do Ministério da Educação. Ao fomentar a produção, a disseminação, etapa fundamental para a efetiva construção de uma política para cultura, recebeu pouca atenção do governo. O assunto chegou a ser cogitado em alguns relatórios e em uma conferência de Joracy Camargo, em que ficou patente a necessidade de utilização de determinadas estratégias para atrair ou formar o público. E, embora este livro não tenha contemplado a recepção dessas iniciativas nem tampouco a afluência do público aos espetáculos subvencionados, pode--se perceber, pelo exposto, que estes não eram temas prioritários nas discussões da época, mesmo considerando a dramática e crescente perda de espaço e de plateias para o cinema. Ou seja, a premissa da "elevação e edificação espiritual do povo" não conseguiu ultrapassar as fronteiras do texto legal.

A insuficiência das iniciativas implementadas e os embates entre as autoridades geraram maior mobilização das entidades de classe, que não só criticaram duramente o SNT, como apresentaram inúmeros projetos para a reformulação da política do governo a favor do teatro — caso da transformação de cinemas em teatros, da reforma da Lei Getúlio Vargas e da reorganização do SNT. E o próprio presidente da República, cuja imagem de "benfeitor do teatro nacional" não ficou abalada diante de todos esses conflitos, respondeu a esses apelos, sancionando três decretos-leis que buscavam pôr um ponto final na maioria das queixas do setor.

Assim, podemos concluir que, mesmo com todos esses limites e com as inúmeras controvérsias, a criação da Comissão de Teatro Nacional e do Serviço Nacional de Teatro resultou numa importante experiência na história das políticas para cultura no Brasil.

Fontes e Bibliografia

Arquivos

Arquivo Nacional/RJ

Fundo Gabinete Civil da Presidência da República:
Processos nº 1.122/44; nº 21.234/44; nº 28.335/44; nº 153/45; nº 154/45; nº 8.132/45; nº 16.365/45; nº 22.402/45.

CEDoc/Funarte

Comissão de Teatro Nacional:
Atas. Pasta 5.
Edital para a subvenção de companhias de comédia. Pasta 5. 25-5-1937.
Processos nº 10.418/36; nº 13.243/36; nº 16.713/36; s.n., de 12-11-1936; s.n., de 19-11-1936; s.n., de 26-11-1936; nº 4.040/37; nº 6.651/37; nº 7.349/37; nº 7.352/37; nº 7.421/37; e s.n., de 4-1-1937.
Subvenções a conjuntos de amadores – Edital. Pasta 5. s.d.

Serviço Nacional de Teatro:
CAPANEMA, Gustavo. Carta para o presidente Getúlio Vargas. 7-3-1940.
Portaria nº 7, de 28-9-1945. Pasta SNT – Portarias 1945.
Primeiras notas a respeito do plano geral e do programa para 1944. Pasta SNT Conselho Técnico Consultivo. 16-9-1943.

140   **FGV de Bolso**

Processos nº 54/39; nº 59/39; nº 76/39; nº 3.806/39; nº 14.991/39; nº 17.881/39; nº 22.151/39; nº 28.706/39; s.n., de 15-4-1939; s.n., de 8-5-39; nº 26/40; nº 53/40; nº 85/40; nº 156/40; nº 166/40; nº 5.169/40; nº 8.291/40; nº 11.227/40; nº 11.403/40; nº 13.447/40; nº 14.484/40; nº 21.173/40; nº 27.217/40; nº 28.453/40; nº 28.454/40; nº 31.267/40; nº 35.501/40; nº 6.307/41; nº 21.204/41; nº 106/42; nº 117/42; nº 139/42; nº 9.481/42; nº 34.208/42; nº 35.839/42; nº 37.658/42; nº 56.291/42; nº 60.710/42; nº 67.730/42; ; nº 65.674/43; s.n., de 1943; nº 17/44; nº 19.587/44; nº 28.335/44; nº 28.981/44; nº 72/45; nº 1.593/45; nº 2.486/45; nº 41.055/45; nº 96.679/45; nº 96.834/45.

Relação de auxílios concedidos para as atividades teatrais – 1939-1951. Pasta SNT – Auxílios.

ROSA, Alexandre Abadie Faria. Carta para o ministro Gustavo Capanema. 13-4-1939.

_____. Carta para o ministro Gustavo Capanema. 24-1-1940.

_____. Relatório das atividades de 1941. 12-2-1942.

_____. Relatório das atividades de 1942. 27-2-1943.

_____. Relatório das atividades de 1943. 15-1-1944.

CPDoc/FGV

Arquivo Gustavo Capanema – Série MES (rolo 31 – GCg 35.03.09):

CAPANEMA, Gustavo. Exposição de motivos apresentada junto com o Decreto-lei nº 92, de 21-12-1937, que criou o Serviço Nacional de Teatro. 20-12-1937.

_____. Carta para o presidente Getúlio Vargas. 24-11-1938.

Carta da Casa dos Artistas para o presidente Getúlio Vargas, assinada por Orlando Nogueira (presidente), Álvaro Pires, Ferreira Maya, Delorges Caminha, Itália Fausta, Jayme Costa, Vicente Celestino, entre outros. 27-12-1943.

FAUSTA, Itália; COSTA, Jayme; NAVARRO, Olga. Carta para o presidente Getúlio Vargas. 30-4-1935.

LEÃO, Múcio. Evolução do teatro em Portugal e no Brasil. 22-10-1936.

LIMA, Benjamin. Projeto de edital para concurso de peças. 3-12-1936.

Memorial apresentado ao chefe da nação pela Associação Brasileira de Críticos Teatrais. 20-11-1943.

MIGNONE, Francisco. Situação atual do teatro lírico no Brasil. O que se deve fazer (sugestões). 12-11-1936.

Portaria instituindo, no Serviço Nacional de Teatro, a Comissão Técnica Consultiva. 6-7-1943.

Processo s.n., de 9-1941.

Projeto de decreto-lei autorizando o Ministério da Educação e Saúde a requisitar os teatros do Distrito Federal e dando outras providências. 3-1940.

Projeto de edital para concurso de cenografia. 1936.

Projeto de edital para concurso de "libretos" de ópera. 26-11-1936.

Projeto do Decreto-lei nº 92. 1937.

Proposta da Comissão de Teatro Nacional para a construção de um teatro. 5-5-1937.

Proposta da Comissão de Teatro Nacional para o ano de 1938. 15-12-1937.

ROSA, Alexandre Abadie Faria. Plano quinquenal. 15-10-1938.

_____. Projeto de decreto-lei regulando as excursões teatrais estrangeiras pelo território nacional. 14-1-1939.

_____. O teatro nacional em 1938 e a ação do Ministério da Educação e Saúde. Relatório. 8-12-1938.

_____. Relatório das atividades do Serviço Nacional de Teatro de 1938 a 1942. s.d.

VIANA, Renato. Carta para o presidente Getúlio Vargas. 9-6-1945.

Legislação

BRASIL. Decreto nº 4.566, de 4-1-1871. Cria nesta corte um novo Conservatório Dramático, marca suas atribuições e dá outras providências. *Coleção de leis do Império do Brasil*. Rio de Janeiro, v. 2, 1871, p. 9-11.

_____. Portaria s.n., de 14-9-1936. [Cria a Comissão de Teatro Nacional]. *Diário Oficial* da República dos Estados Unidos do Brasil. Poder Executivo, Rio de Janeiro, 17-9-1936. Seção 1, p. 20461-20462.

_____. Lei nº 378, de 13-1-1937. Dá nova organização ao Ministério da Educação e Saúde Pública. Coleção das leis da República dos Estados Unidos do Brasil, Rio de Janeiro, v. 3, 1937a, p. 12-33.

_____. Decreto-Lei nº 92, de 21-12-1937. Cria o Serviço Nacional de Teatro. Lex-Coletânea de Legislação e Jurisprudência: legislação federal e marginália, São Paulo, v. 1, 1937b, p. 364-365.

_____. Decreto-Lei nº 526, de 1-7-1938. Institui o Conselho Nacional de Cultura. Coleção das leis da República dos Estados Unidos do Brasil, Rio de Janeiro, v. 3, p. 5-6, 1938.

_____. Decreto-Lei nº 1.915, de 27-12-1939. Cria o Departamento de Imprensa e Propaganda. Lex-Coletânea de Legislação e Jurisprudência: legislação federal e marginália, São Paulo, 1939, p. 666-669.

_____. Decreto nº 7.957, de 17-9-1945. Dispõe sobre a isenção de impostos e taxas federais, que incidem sobre o teatro e dá outras providências. *Coleção das leis da República dos Estados Unidos do Brasil*, v. 5. Rio de Janeiro, 1945a, p. 301-302.

_____. Decreto nº 7.958, de 17-9-1945. Institui o Conservatório Nacional de Teatro. *Coleção das leis da República dos Estados Unidos do Brasil*, v. 5. Rio de Janeiro, 1945b, p. 302-303.

_____. Decreto nº 7.959, de 17-9-1945. Dispõe sobre a locação de teatros no Distrito Federal e dá outras providências. *Coleção das leis da República dos Estados Unidos do Brasil*, v. 5. Rio de Janeiro, 1945c, p. 303.

_____. Ministério do Império. *Relatório do ano de 1862 apresentado à Assembleia-Geral Legislativa.* Rio de Janeiro, p. 15, 1862. Disponível em: http://brazil.crl.edu/bsd/bsd/hartness/minopen.html. Acesso em: 2 jul. 2009.

Publicações

Anuário da Casa dos Artistas

ANTEPROJETO de reforma da Lei Getúlio Vargas. Rio de Janeiro, 1940, s.p.

ATA da Assembleia-Geral Extraordinária. Rio de Janeiro, 1940, s.p.

HÁ dez anos. Rio de Janeiro, 1940, s.p.

VITORINO. O problema do teatro no Brasil. Rio de Janeiro, 1939, s.p.

Boletim da Sbat

CONCURSO de romance e comédia do Ministério do Trabalho, n. 209, jan./fev. 1942, p. 11-12.

MOVIMENTO pró-teatro, n. 121, jul. 1934. Notas e informações, p. 13.

Jornal do Brasil

A APLICAÇÃO das verbas do SNT gera complicações. Rio de Janeiro, 23 mar. 1944. Teatros, p. 8.

A COMISSÃO julgadora do Serviço Nacional de Teatro: ata da primeira reunião. Rio de Janeiro, 30 mar. 1939. Teatros, p. 11.

AS PEÇAS premiadas pelo Serviço Nacional de Teatro. Rio de Janeiro, 21 dez. 1939. Teatros, p. 11.

COMISSÃO Permanente de Teatro. Rio de Janeiro, 29 ago. 1944. Teatros, p. 10.

NUNES, Mário. A verdade sobre o teatro em face do Serviço que o governo vai criar. Rio de Janeiro, 12 fev. 1938. Teatros, p. 15.

_____. O Serviço Nacional de Teatro e o teatro. Rio de Janeiro, 16 nov. 1940. Teatros, p. 11.

O SECULAR problema do teatro nacional. Rio de Janeiro, 3 set. 1936. Teatros, p. 11.

QUASE reduzido a uma função meramente decorativa o Serviço Nacional de Teatro. Rio de Janeiro, 18 jun. 1943. Teatros, p. 8.

SERVIÇO Nacional de Teatro: distribuição do pessoal contratado para o novo órgão criado pelo governo. Rio de Janeiro, 24 mai. 1939. Teatros, p. 15.

Bibliografia

ANTUNES, Amauri Araújo. *O trapézio ficou balançando*: o teatro de Álvaro Moreyra. Dissertação (mestrado em Letras). Campinas: Unicamp, 1999.

ANTUNES, Délson. *Fora do sério*: um panorama do teatro de revista no Brasil. Rio de Janeiro: Funarte, 2002.

BARRETO FILHO, Mello. *Onde o mundo se diverte...*: achegas históricas, anedotário, notas e efemérides, dados estatísticos. Rio de Janeiro: Casa dos Artistas, 1940.

_____. *Anchieta e Getúlio Vargas*: iniciativas e realizações. Rio de Janeiro: DIP, 1941.

BATALHA, Cláudio H. M. Sociedade de trabalhadores no Rio de Janeiro do século XX: algumas reflexões em torno da formação da classe operária. *Cadernos AEL*, v. 6, n. 10-11. Campinas, 1999, p. 41-68.

BERTHOLD, Margot. *História mundial do teatro*. 4ª ed. São Paulo: Perspectiva, 2008.

BOMENY, Helena (org.). *Constelação Capanema*: intelectuais e políticas. Rio de Janeiro: FGV; Bragança Paulista: Universidade São Francisco, 2001.

BRANDÃO, Tania. *A máquina de repetir e a fábrica de estrelas*: Teatro dos Sete. Rio de Janeiro: 7Letras, 2002.

_____. *Uma empresa e seus segredos*: Companhia Maria Della Costa. São Paulo: Perspectiva; Rio de Janeiro: Petrobras, 2009.

BRASIL. Ministério da Educação e Saúde. *O governo e o teatro*. Rio de Janeiro, 1937.

CALABRE, Lia. *Políticas culturais no Brasil*: dos anos 1930 ao século XXI. Rio de Janeiro: FGV, 2009.

CAMARGO, Joracy. *Teatro brasileiro*: teatro infantil. Rio de Janeiro, Serviço Gráfico do Ministério da Educação e Saúde, 1937.

_____. *Getúlio Vargas e a inteligência nacional*. Rio de Janeiro: DIP, 1940.

CANDIDO, Antonio. A Revolução de 30 e a cultura. In: *A educação pela noite e outros ensaios*. São Paulo: Ática, 1989, p. 181-198.

CAPELATO, Maria Helena R. *Multidões em cena*: propaganda política no varguismo e no peronismo. Campinas: Papirus, 1998.

CARONE, Edgar. *O Estado Novo (1937-1945)*. Rio de Janeiro: Difel, 1977.

CASTANHEIRA, Jana Eiras. *Do curso prático ao conservatório*: origens da Escola de Teatro da UNI-RIO. Dissertação (mestrado em Teatro). Rio de Janeiro: UFRJ, 2003, 2 v.

COSTA, Cristina. *Censura em cena*: teatro e censura no Brasil. São Paulo: Edusp/Fapesp/Imprensa Oficial do Estado de São Paulo, 2006.

_____. *Teatro e censura*: Vargas e Salazar. São Paulo: USP/Fapesp, 2010.

DÓRIA, Gustavo A. *Moderno teatro brasileiro*: crônica de suas raízes. Rio de Janeiro: SNT, 1975.

FERREIRA, Jorge; DELGADO, Lucília de Almeida Neves. *O Brasil republicano*: o tempo do nacional-estatismo. 2ª ed. Rio de Janeiro: Civilização Brasileira, 2007.

FERREIRA, Procópio. *Procópio Ferreira apresenta Procópio*: um depoimento para a história do teatro no Brasil. Rio de Janeiro: Rocco, 2000.

GARCIA, Nelson Jahr. *O Estado Novo*: ideologia e propaganda política. A legitimação do Estado autoritário perante as classes subalternas. São Paulo: Edições Loyola, 1982.

GOMES, Ângela de Castro. O redescobrimento do Brasil. In: OLIVEIRA, Lúcia Lippi; VELLOSO, Mônica Pimenta; GOMES, Ângela Maria de Castro. *Estado Novo*: ideologia e poder. Rio de Janeiro: Zahar, 1982, p. 109-150.

_____. *A invenção do trabalhismo*. 2ª ed. Rio de Janeiro: Relume Dumará, 1994.

_____. *História e historiadores*: a política cultural no Estado Novo. Rio de Janeiro: FGV, 1996.

GUINSBURG, J.; FARIA, João Roberto; LIMA, Mariângela (orgs.). *Dicionário do teatro brasileiro*: temas, formas e conceitos. São Paulo: Perspectiva/Sesc SP, 2006.

IGLÉZIAS, Luiz. *O teatro da minha vida*. Rio de Janeiro: Zélio Valverde, 1945.

KUSHNIR, Beatriz. *Cães de guarda*: jornalistas e censores, do AI-5 à Constituição de 1988. Tese (doutorado em História). Campinas: Unicamp, 2001.

LARA, Cecília de. *De Pirandello a Piolim*: Alcântara Machado e o teatro no Modernismo. Rio de Janeiro: Inacen, 1987.

MAGALDI, Sábato. *Panorama do teatro brasileiro*. 5ª ed. São Paulo: Global, 2001.

_____; VARGAS, Maria Thereza. *Cem anos de teatro em São Paulo (1875-1974)*. 2ª ed. São Paulo: Senac SP, 2001.

MEDEIROS, Christine Junqueira L. de. *Yan Michalski e a consolidação da crítica moderna carioca no início dos anos 60:* a trajetória crítica no teatro brasileiro. Dissertação (mestrado em Teatro). Rio de Janeiro: UFRJ, 2002.

MENDONÇA, Carlos Süssekind de. *História do teatro brasileiro*, v. 1. Rio de Janeiro: Mendonça Machado e Cia., 1926.

MICELI, Sérgio. Intelectuais e classe dirigente no Brasil (1920-1945). In: *Intelectuais à brasileira*. São Paulo: Companhia das Letras, 2001, p. 69-291.

MICHALSKI, Yan; TROTTA, Rosyane. *Teatro e Estado*: as companhias oficiais de teatro no Brasil: história e polêmica. São Paulo: Hucitec/Ibac, 1982.

NUNES, Mário. *40 anos de teatro*. 4 v. Rio de Janeiro: SNT, 1956.

OLIVEIRA, Lúcia Lippi; VELLOSO, Mônica Pimenta; GOMES, Ângela Maria de Castro. *Estado Novo*: ideologia e poder. Rio de Janeiro: Zahar, 1982.

PÉCAUT, Daniel. *Os intelectuais e a política no Brasil*: entre o povo e a nação. São Paulo: Ática, 1990.

PEREIRA, Victor Hugo Adler. *A musa carrancuda*: teatro e poder no Estado Novo. Rio de Janeiro: FGV, 1998.

_____. Os intelectuais, o mercado e o Estado na modernização do teatro brasileiro. In: BOMENY, Helena Maria Bousquet (org.). *Constelação Capanema*: intelectuais e políticas. Rio de Janeiro: FGV; Bragança Paulista: Universidade São Francisco, 2001, p. 59-84.

PRADO, Décio de Almeida. *O teatro brasileiro moderno*. 3ª ed. São Paulo: Perspectiva, 2008.

SCHWARCZ, Lilia Moritz. *As barbas do imperador*: D. Pedro II, um monarca nos trópicos. 2ª ed. São Paulo: Companhia das Letras, 2007.

SCHWARTZMAN, Simon (org.). *Estado Novo*: um autorretrato (Arquivo Gustavo Capanema). Brasília: UnB, 1983.

_____; BOMENY, Helena Maria Bousquet; COSTA, Vanda Maria Ribeiro. *Tempos de Capanema*. 2ª ed. São Paulo: Paz e Terra/FGV, 2000.

SEVCENKO, Nicolau. *Literatura como missão:* tensões sociais e criação cultural na Primeira República. 4ª ed. São Paulo: Brasiliense, 1999.

SILVA, Flávio Luiz Porto e. Radioteatro. In: GUINSBURG, J.; FARIA, João Roberto; LIMA, Mariângela (orgs.). *Dicionário do teatro brasileiro*: temas, formas e conceitos. São Paulo: Perspectiva/Sesc SP, 2006, p. 260-266.

SILVA, Lafayette. *História do teatro brasileiro*. Rio de Janeiro: Serviço Gráfico do Ministério da Educação e Saúde, 1938.

SIMIS, Anita. *Estado e cinema no Brasil*. 2ª ed. São Paulo: Annablume/Fapesp/Itaú Cultural, 2008.

SKIDMORE, Thomas. *Brasil*: de Getúlio a Castelo. 4ª ed. Rio de Janeiro: Paz e Terra, 1975.

SNT: Trinta anos de atividades. *Dionysos*: órgão do Serviço Nacional de Teatro do Ministério da Educação e Cultura, ano XII, n. 15. Rio de Janeiro, dez. 1967, p. 54-86.

SOUZA, J. Galante de. *O teatro no Brasil*. 2 v. Rio de Janeiro: INL, 1960.

SOUZA, José Inácio. *O Estado contra os meios de comunicação (1889-1945)*. São Paulo: Annablume/Fapesp, 2003.

SOUZA, Silvia Cristina Martins de. *As noites do Ginásio*: teatro e tensões culturais na corte (1832-1868). Campinas: Unicamp/Cecult, 2002.

SÜSSEKIND, Flora. Crítica a vapor: a crônica teatral brasileira da virada do século. In: *Papéis colados*. 2ª ed. Rio de Janeiro: UFRJ, 2002, p. 57-98.

VELLOSO, Mônica Pimenta. *Os intelectuais e a política cultural do Estado Novo*. Rio de Janeiro: CPDoc/FGV, 1987.

_____. Uma configuração do campo intelectual. In: OLIVEIRA, Lúcia Lippi; VELLOSO, Mônica Pimenta; GOMES, Ângela Maria de Castro. *Estado Novo:* ideologia e poder. Rio de Janeiro: Zahar, 1982, p. 71-108.

VENEZIANO, Neyde. *O teatro de revista no Brasil:* dramaturgia e convenções. Campinas: Pontes/Unicamp, 1991.

WILLIAMS, Daryle. Gustavo Capanema, ministro da cultura. In: GOMES, Ângela de Castro (org.). *Capanema:* o ministro e seu ministério. Rio de Janeiro: FGV, 2000, p. 251-269.

Livros publicados pela Coleção FGV de Bolso

(01) *A história na América Latina – ensaio de crítica historiográfica (2009)*
de Jurandir Malerba. 146p.
Série 'História'

(02) *Os Brics e a ordem global (2009)*
de Andrew Hurrell, Neil MacFarlane, Rosemary Foot e Amrita Narlikar. 168p.
Série 'Entenda o Mundo'

(03) *Brasil-Estados Unidos: desencontros e afinidades (2009)*
de Monica Hirst, com ensaio analítico de Andrew Hurrell. 244p.
Série 'Entenda o Mundo'

(04) *Gringo na laje – produção, circulação e consumo da favela turística (2009)*
de Bianca Freire-Medeiros. 164p.
Série 'Turismo'

(05) *Pensando com a sociologia (2009)*
de João Marcelo Ehlert Maia e Luiz Fernando Almeida Pereira. 132p.
Série 'Sociedade & Cultura'

(06) *Políticas culturais no Brasil: dos anos 1930 ao século XXI (2009)*
de Lia Calabre. 144p.
Série 'Sociedade & Cultura'

(07) *Política externa e poder militar no Brasil: universos paralelos (2009)*
de João Paulo Soares Alsina Júnior. 160p.
Série 'Entenda o Mundo'

(08) *A mundialização (2009)*
de Jean-Pierre Paulet. 164p.
Série 'Sociedade & Economia'

(09) *Geopolítica da África (2009)*
de Philippe Hugon. 172p.
Série 'Entenda o Mundo'

(10) *Pequena introdução à filosofia (2009)*
de Françoise Raffin. 208p.
Série 'Filosofia'

(11) *Indústria cultural – uma introdução (2010)*
de Rodrigo Duarte. 132p.
Série 'Filosofia'

(12) *Antropologia das emoções (2010)*
de Claudia Barcellos Rezende e Maria Claudia Coelho. 136p.
Série 'Sociedade & Cultura'

(13) *O desafio historiográfico (2010)*
de José Carlos Reis. 160p.
Série 'História'

(14) *O que a China quer? (2010)*
de G. John Ikenberry, Jeffrey W. Legro, Rosemary Foot e Shaun Breslin. 132p.
Série 'Entenda o Mundo'

(15) *Os índios na História do Brasil (2010)*
de Maria Regina Celestino de Almeida. 164p.
Série 'História'

(16) *O que é o Ministério Público? (2010)*
de Alzira Alves de Abreu. 124p.
Série 'Sociedade & Cultura'

(17) *Campanha permanente: o Brasil e a reforma do Conselho de Segurança das Nações Unidas (2010)*
de João Augusto Costa Vargas 132p.
Série 'Sociedade & Cultura'

(18) *A construção da Nação Canarinho – uma história institucional da seleção brasileira de futebol 1914-70 (2010)*
de Carlos Eduardo Sarmento. 148p.
Série 'História'

(19) *Obama e as Américas (2011)*
de Abraham Lowenthal, Laurence Whitehead e Theodore Piccone. 210p.
Série 'Entenda o Mundo'

(20) *Perspectivas macroeconômicas (2011)*
de Paulo Gala. 134p.
Série 'Economia & Gestão'

(21) *A história da China Popular no século XX (2012)*
de Shu Sheng. 204p.
Série 'História'

(22) *Ditaduras contemporâneas (2013)*
de Maurício Santoro. 140p.
Série 'Entenda o Mundo'

(23) *Destinos do turismo – percursos para a sustentabilidade (2013)*
de Helena Araújo Costa. 166p.
Série 'Turismo'

(24) *A construção da Nação Canarinho – uma história institucional da seleção*
brasileira de futebol, 1914 - 1970 (2013)
de Carlos Eduardo Barbosa Sarmento. 180p.
Série 'História'

(25) *A era das conquistas – América espanhola, séculos XVI e XVII (2013)*
de Ronaldo Raminelli. 180p.
Série 'História'

(26) *As Misericórdias portuguesas – séculos XVI e XVII (2013)*
de Isabel dos Guimarães Sá. 150p.
Série 'História'

Impresso nas oficinas da
SERMOGRAF - ARTES GRÁFICAS E EDITORA LTDA.
Rua São Sebastião, 199 - Petrópolis - RJ
Tel.: (24)2237-3769